coordenação:
Andréia Roma,
André Batista e
Nicolai Cursino

COACHING COM ENEAGRAMA

Descubra como gerar resultados transformadores unindo estas duas ferramentas

Copyright© 2017 by Editora Leader
Todos os direitos da primeira edição são reservados à **Editora Leader**

Diretora de projetos: Andréia Roma
Diretor executivo: Alessandro Roma

Projeto gráfico e diagramação: Roberta Regato
Revisão: Miriam Franco Novaes
Impressão: Forma Certa

Dados Internacionais de Catalogação na Publicação (CIP)
Bibliotecária responsável: Aline Graziele Benitez CRB8/9922

C581	Coaching e enegrama / [coord.] Andréia Roma, André Batista, Nicolai Cursino – 1. ed. – São Paulo: Leader, 2017.
	ISBN: 978-85-66248-90-6
	1. Coaching. 2. Enegrama. 3. Comportamento. I. Título.
	CDD 658

Índice para catálogo sistemático: 1. Coaching 658

EDITORA LEADER
Rua Nuto Santana, 65, 2º andar, sala 3
02970-000, Jardim São José, São Paulo - SP
(11) 3991-6136 / andreiaroma@editoraleader.com.br
Atendimento às livrarias:
Liliana Araujo / lilianaaraujo@editoraleader.com.br
Atendimento ao cliente:
Rosângela Barbosa e Érica Rodrigues / contato@editoraleader.com.br

Agradecimento

A Editora Leader idealiza mais uma obra que reuniu grandes profissionais para abordar o assunto Coaching & Enegrama.

Duas ferramentas transformadoras com foco em apoiar pessoas em qualquer área de suas vidas.

Nesta obra, além de conhecer os nove tipos do Eneagrama você vai entender como trabalhar estes eneatipos com a ferramenta Coaching.

Reunimos a prática e a teoria através do conteúdo de cada um dos coautores convidados, para que através dessas estratégias você alcance grandes resultados.

Agradeço aos coordenadores André Batista e Nicolai Cursino pelo profissionalismo, conhecimento e apoio aos coautores convidados. Foi realmente um trabalho em equipe.

Agradeço aos coautores convidados, que abordaram com maestria o conteúdo apresentado.

Recomendo esta obra para todos os profissionais que desejam alçar voos ainda mais altos em sua carreira.

Boa leitura!
Andréia Roma
Fundadora e diretora da Editora Leader

Índice

Introdução 6

TIPO 1 O PERFECCIONISTA
Tatiana Vial 13

TIPO 2 O SERVIDOR
André Batista 25

TIPO 3 O REALIZADOR
Nicolai Cursino 35

TIPO 4 O INTENSO
Rachel Kleinubing 47

TIPO 5 O ANALÍTICO
Viviane Romanos Martins 59

TIPO 6 O PRECAVIDO
Claudia Cruz 71

TIPO 7 O AVENTUREIRO
João Luiz Cortez 83

TIPO 8 O PODEROSO
Roberto Silva 95

TIPO 9 O MEDIADOR
Sabrina Mello 107

Conclusão 118

Referências Bibliográficas 126

Currículos 130

Introdução

Escrever um livro pode ser para muitas pessoas um sonho ou algo muito difícil. Mas confesso que fiquei impressionado como esse projeto foi realizado de um jeito leve e empolgante. Tudo isso aconteceu graças à grande bagagem e dedicação de cada coautor que compôs o incrível time que deu vida a esta obra.

Eu, André Batista, e Nicolai Cursino agradecemos, a cada um deles, por partilharem seus conhecimentos e experiências, assim como, em nome de todos os coautores, gostaria de agradecer aos nossos clientes, que nos permitiram construir o *know-how,* que aqui partilharemos com você, leitor.

Nós também agradecemos à editora Leader, na pessoa da Andréia Roma, que também compõe a coordenação deste projeto, por ter nos apoiado e oferecido todo o suporte de que precisamos.

Eu, particularmente, gostaria de agradecer a Deus, por sempre guiar meu caminho de forma tão cuidadosa; a meus pais, meu irmão e minha avó Anita, que sempre deram todo o apoio que precisei, e também agradeço a meus sócios, principalmente a Fabiola Almeida e Yllana Carneiro, que sempre acreditaram no meu trabalho e que tenho como irmãs. Agradecer também a minha equipe de monitores, representada pela Célia, Geovane e Juliana que está sempre me apoiando assim como todos que contribuíram para minha caminhada. Por último, gostaria de agradecer a Urânio Paes, que considero um mentor e amigo e a Nicolai Cursino que divide essa cordenação comigo e pelo qual tenho muito carinho.

Esta é uma obra que traz o desafio de falar sobre duas ferramentas incríveis, que vêm sendo utilizadas, cada vez por mais profissionais, para potencializar o crescimento de muitas pessoas, que são o Coaching e o Eneagrama.

No entanto, apesar de muitos já terem ouvido falar sobre Coaching, eu gostaria de trazer uma definição de John Whitmore citada no livro "Como o Coaching Funciona", onde ele diz que "Coaching é o desbloqueio do potencial de uma pessoa para maximizar o seu próprio desempenho. É sobre ajudar a aprender, mais do que ensinar".

É claro que, quando se fala de Coaching, facilmente se associa a metas profissionais ou pessoais ligadas a coisas concretas e externas ao cliente como comprar uma casa ou abrir um novo negócio. Mas existe também o Coaching que trabalha metas internas como a busca de um novo senso de identidade no mundo, a conexão com a missão de vida ou mesmo o desenvolvimento de qualidades de presença, espiritualidade e equilíbrio. Em ambos os casos a utilização do Eneagrama potencializa o processo, permitindo ao *coach* levar o cliente a patamares muito além dos esperados e descobrir qual o verdadeiro propósito por trás de todas as metas e desejos.

Dentro do processo tradicional de Coaching os *coaches* sabem que as tarefas são propostas pelos próprios clientes para eles mesmos, com a finalidade de gerar o comprometimento na execução. Ao utilizarmos o Eneagrama no *Coaching*, nós continuamos mantendo essa premissa, embora estimulemos os coaches a "flexibilizarem um pouco", mas com muita cautela, e sugerimos algumas tarefas pontuais ao longo do processo. Isso é feito pensando que o cliente que busca um processo com o Eneagrama está buscando algo diferente que o leve além do seu modelo mental. Outra opção é que ele sabe que tem coisas específicas do seu perfil que estão sendo empecilhos na realização do seu projeto.

A outra ferramenta que apresentamos é o Eneagrama, que, na verdade, é uma sabedoria milenar, mas que tem sido difundida no Ocidente e utilizada em vários processos de desenvolvimento humano. Uma das definições dele seria que "o Eneagrama é um modelo do funcionamento da personalidade humana. Como modelo, oferece uma descrição muito precisa dos mecanismos da psique e possibilita uma previsão espantosamente confiável de nossas atitudes frente às diversas circunstâncias da vida" (CHABREUIL, 1999, pg.15).

Entretanto, falar de Eneagrama é um processo difícil, pois cada palavra, ao mesmo tempo em que revela, limita. Assim como Nicolai Cursino diz em seu livro "Eneagrama para líderes", que "a riqueza do Eneagrama está no fato de ele ser muito mais do que uma tipologia de personalidades. Ele descreve as motivações por trás das ações; as crenças e as estratégias inconscientes por trás das decisões; as rotas exatas e mais eficientes de crescimento e expansão para além dos padrões de cada tipo".

Ao longo deste livro, iremos abordar como os profissionais de Coaching vêm utilizando essas duas ferramentas para alcançar resultados transformadores em seus clientes. Mas também precisamos ressaltar que este não é um livro para ensinar fundamentos de Coaching e menos ainda ensinar Eneagrama. Apesar de que você, leitor, pode encontrar nestas páginas pistas poderosas que te ajudem a ter grandes suspeitas de qual seria o seu tipo no Eneagrama. Entretanto, para chegar a essa conclusão, é necessário aprofundar-se na leitura de algum livro específico sobre o assunto ou se permitir vivenciar um *workshop* que, particularmente, considero a melhor maneira de aprender sobre o tema, pois concilia a teoria com a prática e você tem a possibilidade de poder ouvir relatos de outras pessoas sobre os tipos, o que intensifica o aprendizado.

Aqui trarei os conceitos de alguns termos do Eneagrama, que os autores irão mencionar ao longo dos capítulos, para que você, mesmo não conhecendo muito do assunto, possa entender o significado e compreender a efetividade do que está sendo ensinado.

No Eneagrama temos nove tipos de personalidade, que também podem ser chamados de eneatipos. Cada um deles representa uma faceta da humanidade. Apesar de só existirem nove tipos, não quer dizer que só existam nove tipos de comportamento ou de pessoas. A seguir temos o símbolo que traz a representação gráfica dos conceitos ensinados no Eneagrama.

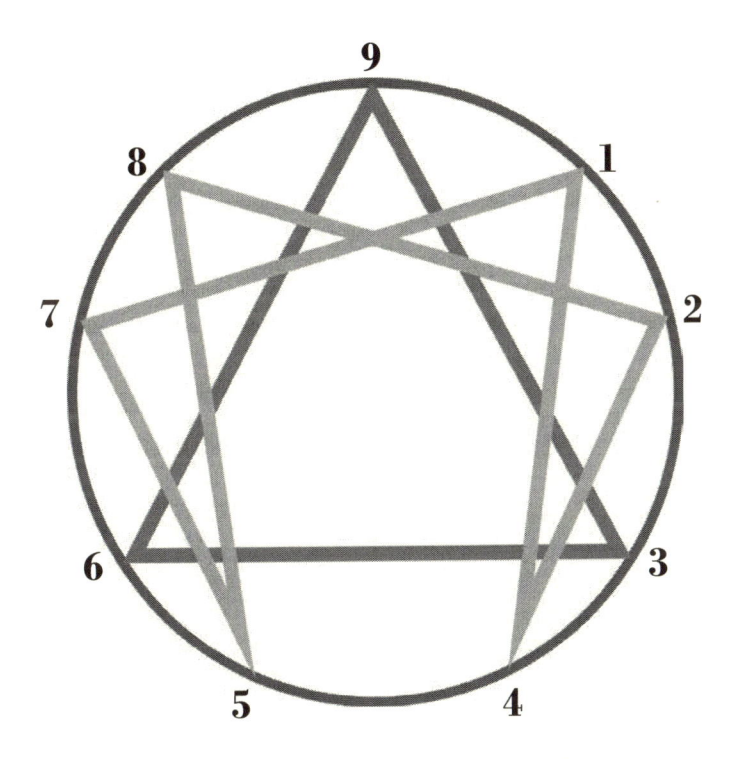

O nome Eneagrama vem do grego (*enea = nove/ gramus = pontos*). O símbolo representa as várias conexões que são possíveis entre os perfis de personalidade, o que gera inúmeras combinações e assim uma grande diversidade. Isso faz com que, apesar de haver nove tipos, a multiplicidade de comportamentos entre as pessoas seja muito grande.

Ao aprofundarmo-nos no estudo do Eneagrama, compreendemos que uma pessoa, apesar de ser de um determinado tipo, pode apresentar níveis de desenvolvimentos diferentes ao longo da vida. Logo, isso gera diferenças entre pessoas do mesmo tipo por considerarmos sua história pessoal e seus aprendizados. Entendemos também que, em alguns momentos da vida, nós podemos acessar sentimentos e pensamentos em um nível elevado de conexão com o amor. Quando estamos nesse estado, dizemos que naquele momento nos conectamos a nossa essência. Essa é a parte mais elevada do nosso ser e que reside dentro de nós esperando para emergir. A personalidade é vista como o conjunto de mecanismos que nos ajudou, ao longo da nossa vida, na interação com as situações do mundo, mantendo a nossa essência preservada.

A personalidade, para o Eneagrama, se estrutura sobre três pilares, sendo o primeiro chamado de Paixão (ou Vício Emocional), que representa o "movimento" que acontece no coração quando nos deixamos ficar conectados aos sentimentos que nos mantêm presos nos padrões da personalidade. O segundo pilar seria a Fixação (ou Vício Mental), que compreende um conjunto de crenças ou ideias fixas, que garantem a manutenção do modelo mental (ou forma de ver o mundo) em que acreditamos e isso nos impede de ver as situações de forma mais ampla. O terceiro pilar é o Mecanismo de Defesa, que representa a estratégia do EGO, para garantir que não nos conectemos com determinadas questões, sentimentos, pensamentos ou situações que nos trouxeram sofrimento no início da vida, mas que acaba limitando nosso crescimento se não for bem gerenciado.

Para o Eneagrama existe um dinamismo dos tipos, que representa que em determinados momentos da nossa vida (seja por situações de estresse ou de muita segurança) nós apresentamos características diferentes do nosso tipo original. A esse "movimento" nós chamamos de flechas, pois dentro do diagrama que representa o Eneagrama podemos visualizar a existência dessas "flechas" (são os traços que interligam os tipos e dão forma ao símbolo) compondo e explicando essas variações que ocorrem dentro de nós.

Outro termo que vocês irão escutar bastante é Asas. Para o Eneagrama, os tipos que vêm antes e depois do nosso eneatipo são chamados de asas (como uma alusão às asas dos pássaros, pois com o seu apoio conseguimos alçar voo). Esses tipos das asas influenciam a nossa personalidade, gerando variações de comportamento entre pessoas do mesmo tipo.

Acredito que, no presente momento, caso não conheça o Eneagrama, eu deixo você, leitor, com mais dúvidas do que certezas. Mas, ao longo dos capítulos, você irá percebendo como existe uma grande verdade por trás desse conhecimento que está sendo partilhado e talvez lhe desperte mais ainda o interesse em conhecer o assunto. Para aquele leitor que já conhece as duas ferramentas, saiba que vai encontrar um conteúdo muito prático e didático de como aplicar o Eneagrama nos processos de Coaching.

Acredito que logo você perceberá outra riqueza deste livro, que é o respeito que tivemos pela individualidade de cada autor. Nós, coordenadores, incentivamos que eles escrevessem com seu próprio estilo e, assim como no Eneagrama, estamos unidos pelas nossas diferenças. O importante é saber que, ao longo de cada capítulo, serão respondidas cinco perguntas que norteiam o conteúdo que nos propomos a entregar para você nesta obra. São elas:

Quais as principais demandas de cada tipo ao procurar o processo de Coaching?

Quais os principais desafios ao conduzir um processo de Coaching com esse determinado tipo?

Quais as principais armadilhas a que o *coach* deve estar atento ao longo do processo?

Sugestões de tarefas para os *coachees* desse tipo.

Um exemplo real de atendimento.

Desejo que aproveite todo o conhecimento que está sendo partilhado, ao longo destas páginas, e que você possa ajudar seus clientes a realizarem processos lindos de transformação.

André Batista

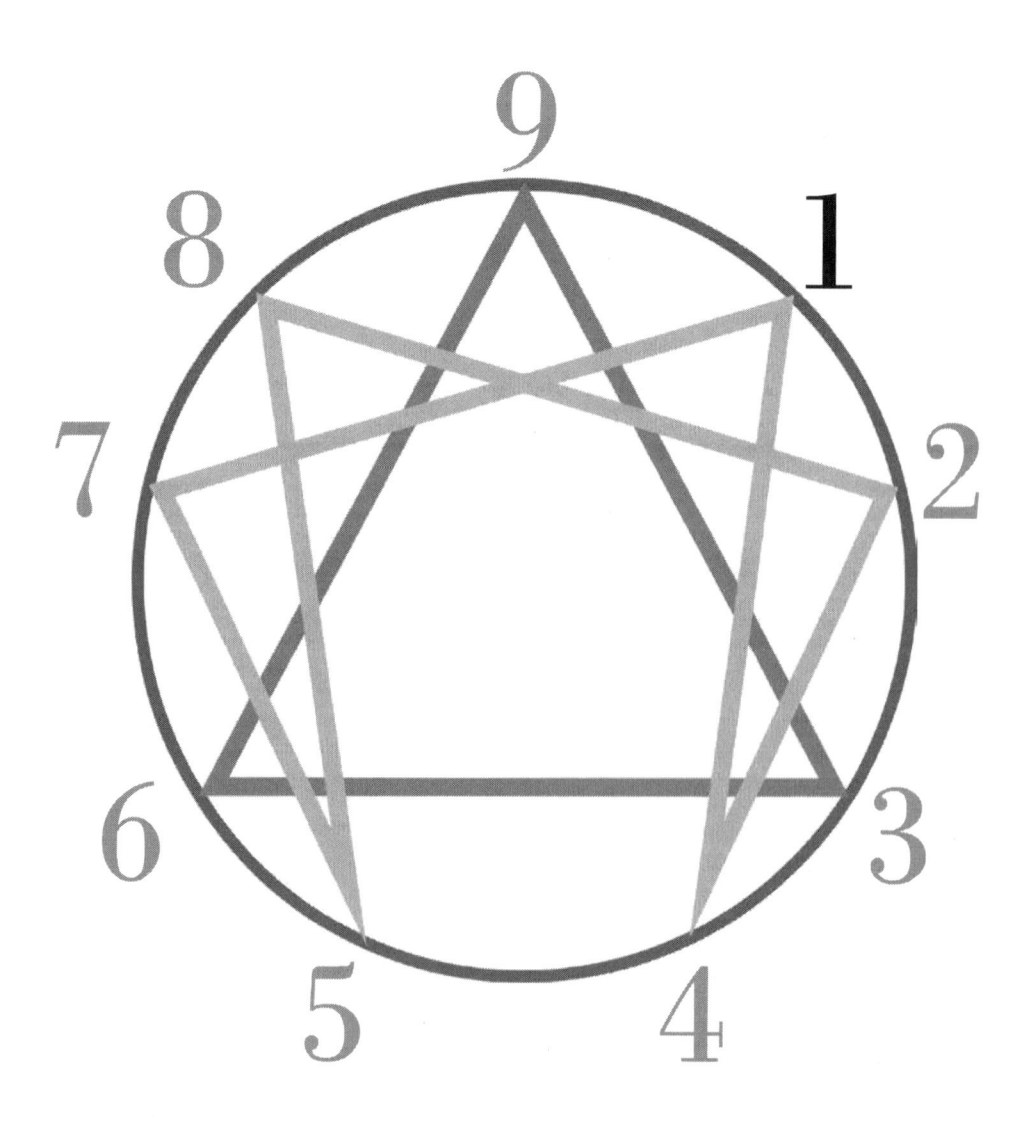

"Não deixe o perfeito ser inimigo do bom." - *Voltaire*

TIPO 1 — O PERFECCIONISTA

por Tatiana Vial

Principais demandas

A busca pela perfeição é o que norteia a pessoa do tipo 1, também conhecida como a perfeccionista do Eneagrama. Essa característica transparece em traços de sua personalidade, como a lealdade e o comprometimento, e pode se refletir também em hábitos do dia a dia. Por exemplo, na organização impecável de sua mesa de trabalho ou de sua casa.

Contidos e rigorosos, os que se identificam com este tipo podem apresentar dificuldades nos relacionamentos interpessoais no trabalho e uma inabilidade em relaxar. São pessoas extremamente vigilantes consigo. Vivem se autocontrolando e tentando manter um comportamento que, aos seus olhos, seja correto e bom. Possuem um crítico interno extremamente rígido e vigilante. Mas não limitam suas regras a si mesmas e esperam dos outros a postura semelhante. O tipo 1 é alguém que está sempre julgando atitudes, a começar pelas próprias. Afinal, acredita que é julgado socialmente na mesma medida em que o faz. Consequentemente, as pessoas deste tipo sentem que são observadas o tempo inteiro pelos outros. Raramente espontâneo, o 1 é considerado o diligente do Eneagrama. São pessoas extremamente focadas e que não medem esforços para cumprir o que lhes é atribuído seguindo os seus altos padrões de exigência. Podem, até mesmo, sacrificar-se para garantir o melhor resultado. São pessoas bastante confiáveis, pois tratam todas as tarefas que lhes são atribuídas com uma postura comprometida e intolerante ao desvio de rota. Missão dada, para um tipo 1, é missão executada. O contrário é considerado um erro. Tem dificuldade em delegar suas responsabilidades, ainda que seja necessário, pois desconfia da capacidade alheia em agir da maneira que ele considera correta.

Dar menos atenção aos detalhes e aceitar a si mesmo e aos outros são, portanto, duas das principais demandas a se trabalhar no processo de Coaching com esse eneatipo. O desenvolvimento da flexibilidade, da criatividade e de competências de negociação o ajudará a conquistar o que quer sem impor sua vontade aos outros e evitando frustrações em excesso.

O vício emocional (ou paixão) do tipo 1 é o que, no estudo do Eneagrama, ganhou o apelido de "ira santa". Isso porque os que se identificam com esse perfil frequentemente tentam "evangelizar" os que estão à sua volta, segundo as próprias verdades. Sua crença fundamental é a de que, no fundo, ele próprio (o tipo 1) é uma pessoa má, já que comete muitos erros sob o filtro de seu olhar rigoroso. Afinal, errar, para ele, é muito difícil de aceitar.

Uma das questões centrais desse tipo é a preocupação com o que as pessoas pensam sobre ele. Em função disso, se mantém em vigília em relação ao próprio comportamento, pois acredita que precisa ser absolutamente correto – e sempre.

Como mecanismo de defesa, o tipo 1 tende a reprimir até fisicamente o estímulo ao prazer que sente e a exteriorização de sua raiva. Cria-se, assim, uma tensão, que impede que ele relaxe. O corpo de alguém deste eneatipo é comumente tenso em regiões como o pescoço e o abdômen e o desgaste de viver em diligência bloqueia as sensações agradáveis.

Por serem muito duras consigo, as pessoas do tipo 1 simplesmente acreditam que não têm o direito de relaxar ou ter prazer. Estão o tempo todo tentando mostrar seu valor, como se, ao prová-lo, pudessem, aí sim, ser recompensadas com o relaxamento.

Aprender a usufruir do descanso, do bem-estar, de momentos de descontração e lazer é outro ponto fundamental para se trabalhar durante o processo de Coaching. Indagações que confrontam essa dificuldade, como perguntar o que ele gosta de fazer quando não está trabalhando, geralmente trazem à tona a falta de atividades prazerosas na rotina do 1.

Quando toma consciência do funcionamento de sua personalidade, esse tipo percebe a raiva que sente recorrentemente. Também fica claro o ressentimento que acumula ao notar que os outros não seguem os mesmos padrões rigorosos considerados por ele os corretos. O ressentimento é a ideia fixa, o padrão mental.

Da mesma forma que para os tipos emocionais (2, 3 e 4) o grande desafio é lidar com o sentimento de rejeição, e para os mentais (5, 6 e 7) com o medo, a dificuldade dos instintivos (1, 8 e 9) reside na relação com a própria raiva. Cada um dos três tipos instintivos será influenciado diferentemente por este propulsor. O 8 exterioriza a raiva, e o 9 a nega. Já o 1, reprime-a. Ou seja, ao tentar controlar seus impulsos, o 1 armazena o sentimento negativo, o que faz com que ele se prolongue.

Muitas vezes, a pessoa do tipo 1 deixa de se expressar pelo receio de não conseguir medir suas reações raivosas. Retrai-se, pois armazena tanta raiva e indignação que, quando se manifestar, poderá facilmente soar rude com as pessoas ao redor, demonstrando um descontrole emocional. Esse eneatipo tem a crença fundamental de que sentir raiva representa algo ruim, mau, errado e deve, também por isso, ser evitado.

O comportamento contido do 1 nutre ainda mais a sua personalidade. Faz com que seus sentimentos, especialmente a raiva, fiquem armazenados, como uma espécie de bomba-relógio pronta para explodir a qualquer momento.

É comum que pessoas do tipo 1 descontem suas frustrações desproporcionalmente em situações deslocadas, como ao serem agressivas com familiares após um dia estressante no trabalho.

Geralmente, não têm uma expressão facial convidativa, o que pode afastar as pessoas. Seu olhar é focado em detectar o erro ou a imperfeição. Por isso, reparam, por exemplo, no modo como uma pessoa se veste ou em seu domínio da linguagem. Possuem dificuldade em elogiar, pois acreditam que fazer o correto não é nada além de obrigação.

Para usufruírem de seu potencial, uma de suas demandas é, portanto, desenvolver uma maior descontração e leveza diante dos acontecimentos da vida. Para isso, o tipo 1 terá de acessar as suas emoções, o que tende a torná-lo uma pessoa mais empática, isto é, menos focada nas tarefas e mais nos relacionamentos interpessoais. Abrir-se às outras pessoas é parte fundamental de seu desenvolvimento humano.

O tipo 1 pode exercitar esse estado de mais relaxamento e abertura social em seu dia a dia de trabalho, por exemplo. Antes de começar uma reunião, pode despender alguns minutos para bater papo com os colegas e ouvi-los sobre determinado assunto. Nessa situação, trabalhará também a flexibilidade, escutando, muitas vezes, opiniões diferentes das suas.

Para lidar especificamente com a sua tendência de evangelizar os outros, partindo do princípio de que a sua opinião é a correta, é preciso dar espaço para que outras pessoas compartilhem suas visões e, mais que isso, dispor-se a refletir sobre elas. "Por que pensam dessa forma? O que sustenta seus pontos de vista?" Quando considerar que alguém cometeu um erro, é indicado que ele procure se colocar no lugar da pessoa, entendendo a sua perspectiva. Pode parecer uma atitude simples, mas para o tipo 1 é muito difícil, já que a sua relação com o erro tende a ser de intolerância – tanto para si quanto para os outros.

Quais os principais desafios ao conduzir um processo de Coaching com esse eneatipo?

- Ao dar um *feedback* à pessoa do tipo 1, evite usar a palavra "erro", como nas frases "o seu erro foi esse" ou "você errou nisso". Ajude-o a não dar tanta atenção ao seu crítico interno. A escolha dos termos será essencial para não quebrar a conexão com o *coachee*. Os perfeccionistas são pessoas já excessivamente autocríticas. Uma observação mal construída pode tornar as proporções do próprio julgamento negativo ainda maiores e desmotivá-los.

- Um dos grandes desafios do *coach* neste caso é evitar que o *coachee* se apoie em sua personalidade para cumprir a proposta do trabalho. Se o fizer, transformará as tarefas do processo em obrigações, questões de vida ou morte, contrariando o relaxamento, que é justamente o que ele deve treinar. Fazer todo dia uma atividade por prazer (e não só dever) é uma maneira de alimentar a descontração no tipo 1.

• Cuidado para não reforçar a ideia de que as pessoas precisam ser perfeitas. O *coachee* 1 pode ficar extremamente incomodado se o *coach* cometer um erro de Português, por exemplo. Para ele, esse é um erro grave. Em certa medida, porém, é indicado para o 1 conviver com diferenças e entender que o que ele considera erro não necessariamente invalida a competência de alguém. A relação entre o *coach* e o *coachee* pode ser o primeiro passo para a construção dessa tolerância. O *coach* deve buscar a medida entre ter o cuidado de não romper a empatia e, ao mesmo tempo, não tentar parecer perfeito aos olhos do *coachee*. Isso reforçaria sua visão de mundo inflexível. Ajude-o a prestar atenção a outros aspectos da conversa, além dos "erros".

• Gentilmente, mostre que os pontos de vista dele são apenas uma perspectiva sobre as situações. Não são verdades absolutas. Os "erros" que ele tanto enxerga são, na verdade, interpretações pessoais sobre os fatos. Certo e errado são conceitos relativos.

• Estimule o *coachee* a enxergar os fatos com bom humor, sem levar tudo tão a sério. Quando ele espontaneamente rir durante a conversa, aproveite para se divertir com ele, reforçando a experiência agradável.

Quais as principais armadilhas desse eneatipo para sabotar o processo?

• Como o mecanismo de defesa mais usado pelo 1 é a formação reativa, ou seja, a supressão de emoções como a raiva e o prazer, quando diante de uma ideia divergente da sua, a tendência é ressentir-se ou enfurecer-se – ainda que de forma silenciosa. Consequentemente, pode buscar a mudança de ambiente ou de companhia. Em casos extremos faz com que deixe o emprego ou uma relação pessoal significativa.

- Durante o processo de desenvolvimento, é comum que o *coachee* de qualquer eneatipo realize o chamado movimento de pêndulo. Isto é, um comportamento extremamente oposto ao que é o seu padrão, falando tudo o que pensa sobre alguém ou exteriorizando sua raiva constantemente. Geralmente um dos motivos para essa mudança é o excesso de assertividade. No caso do *coachee* do tipo 1, ele pode, por exemplo, não estar plenamente pronto para falar o que pensa e, ao fazê-lo, receber *feedbacks* negativos, que reforçarão a sua tendência à retração.

- Apesar de ser um dos tipos da tríade dos práticos, o 1 muitas vezes reprime suas ações quando sabe que não conseguirá atingir um resultado satisfatório segundo o próprio critério. A frustração de não conseguir realizar uma tarefa a contento quando se dedica a ela, em alguns casos, é maior do que se não tivesse feito nenhum esforço. Pode levá-lo a se sentir muito culpado.

- O perfeccionismo é uma das armadilhas da personalidade e o principal bloqueador da criatividade do 1. Esse *coachee* tende a não explorar suas ideias com receio de ser julgado caso elas não se encaixem adequadamente no contexto ou nas expectativas alheias. É recorrente a tendência a buscar papéis mais técnicos e menos de liderança, na tentativa (ainda que inconsciente) de minimizar o risco de fracassar.

- Quando não é reconhecido pelo que acredita ter feito "certo", tende a ressentir-se. Por exemplo, quando não recebe a justa promoção no trabalho.

- Mesmo quando têm seu empenho reconhecido e valorizado, as pessoas do tipo 1 tendem a sempre crer que poderiam ter feito melhor do que fizeram.

- A autoimposição do 1 em cumprir as tarefas que lhe são atribuídas dificulta a prática do relaxamento tão necessário para o seu desenvolvimento pessoal. Geralmente, para o 1, o prazer está ligado a um conceito de merecimento. Ele acredita que precisa ser perfeito para merecer desfrutar de algum relaxamento.

Sugestões de tarefas

- É indicado que o tipo 1 amenize o foco sobre as tarefas – e dedique-se mais ao desenvolvimento das relações interpessoais. Um exercício que pode ser produtivo para a mudança do olhar é recomendar que o *coachee* tome um café descontraído com um colega de trabalho que considere divertido, antes de uma reunião, e conte as novidades pessoais para ele.

- Para evitar a explosão de raiva, pode-se propor que o 1 faça uma pausa – a que chamo de "pausa sagrada". Trata-se de um momento breve de reflexão para mudar intencionalmente a sua postura no momento em que está prestes a ter uma explosão de raiva. É interessante propor que a pausa seja feita, por exemplo, antes de entrar em casa, após o trabalho, evitando levar os problemas da porta para dentro.

- Outro exercício é a construção de cenários hipotéticos: como exteriorizar a raiva de uma forma amigável e controlada (para evitar que fique armazenada e, mais tarde, pegue-o de surpresa)? A idealização da cena os ajuda a vivenciar as emoções sem transformá-las em ações destrutivas.

- Como o olhar do perfeccionista é muito voltado à detecção de erros e imperfeições do que aos aspectos positivos de uma situação, pessoa ou ambiente, ele tende a elogiar pouco. É válido conscientizá-lo sobre o quão exigente ele é e pedir para que, a cada crítica verbalizada, elabore dois elogios em seguida. Desta maneira, trabalhará a percepção de que todos têm comportamentos inadequados (não necessariamente "errados"), mas também ações louváveis.

- A meditação e a automassagem com o uso de óleos são práticas que contribuem para despertar a atenção ao corpo e perceber as tensões que concentra fisicamente. A ideia é que o *coachee* identifique a formação reativa de forma prática e estimule o acesso aos sentidos, bloqueados pela rigidez dos músculos.

- Como um dos tipos instintivos, o 1 possui a inteligência física desenvolvida e, por isso, se beneficia consideravelmente do contato com a natureza. Sugira que ele pise em uma grama, na areia, que sinta o cheiro da chuva ou permita-se mexer com lama, entre outras tarefas similares.

- Caso o *coachee* tenha filhos, proponha que aceite participar de atividades sugeridas pelas crianças, sem questionar nem adaptá-las. Essa tarefa o ajudará a trabalhar a flexibilidade e a improvisação – além de conectá-lo às próprias emoções, por acessar sua criança interior.

- Forjar uma expressão sorridente, mesmo sem vontade, é um caminho para acessar as emoções positivas. Essa costuma ser uma das tarefas mais difíceis para o 1. Estimule-o a praticá-la, mas espere obstáculos em sua execução. Esse é o primeiro passo para que, em sessões seguintes, treinem, por exemplo, o improviso e a espontaneidade.

- Desafie-o a fazer algo imperfeito ou de forma relaxada. Por exemplo, comer algo gostoso durante a sessão, enquanto fala. É uma maneira de ajudá-lo a se desprender do julgamento que alguém pode fazer sobre a sua imagem – e para que encare que a perfeição não existe.

- Estimule que ele se divirta. Fazer algo de que goste por puro deleite. Por exemplo, praticar um esporte que aprecia – mas sem entrar em competição para se tornar um atleta profissional.

- Mudar de ideia no meio de uma discussão e deixar isso claro às outras pessoas é uma maneira de exercitar a flexibilidade, o improviso e a quebra de padrões. Para o tipo 1, dizer o que pensa sem se preocupar com a lógica ou com a maneira que será visto pelos outros é um desafio positivo.

Exemplo real de atendimento

Quando começou o processo de Coaching, Lívia (nome fictício) não sabia o que lhe dava prazer além do trabalho. Ela é executiva de uma multinacional e, com o tempo, passou a perceber que nem mesmo a vida no escritório a deixava plenamente realizada.

Por ser muito crítica, raramente elogiava os colegas de trabalho ou familiares, mantendo poucos relacionamentos amigáveis, com uma postura distante da maioria das pessoas que conhecia.

Quando confrontada com o exercício de interagir descontraidamente com seus pares antes de uma reunião profissional, disse que considerava isso "uma perda de tempo". Ainda assim, colocou-o em prática – afinal, é uma excelente cumpridora de tarefas. Com isso, relatou ter experimentado o interesse pela vida do outro. E o que é melhor: sem o costumeiro viés do julgamento ou da obrigação que a acompanham a maior parte do tempo.

Mãe de dois filhos, Lívia mantinha a expectativa de que as crianças se comportassem como adultos, falando baixo, sem fazer bagunça nem dar chiliques, especialmente quando estavam em público, como em restaurantes ou festas.

No ambiente de trabalho, ela se tratava com a mesma rigidez aplicada às crianças, reprimindo e vigiando o próprio comportamento. Em casa, no entanto, liberava sua raiva, com reações desproporcionais aos acontecimentos que envolviam a família.

Ao concluir que essas explosões não eram saudáveis para si mesma nem para suas relações, ela topou praticar a pausa sagrada diariamente antes de entrar em casa. Passou, então, a perceber as diversas situações de estresse a que submetia o marido e os filhos, desnecessariamente. A partir dessa experiência, passou a buscar uma maior harmonia.

Certa vez, em uma sessão, confessou que estava se sentindo "arrasada" após uma viagem com a família. Reconheceu que havia sido crítica demais durante todo o passeio, fazendo observações severas e autoritárias, na tentativa de controlar o comportamento do marido e dos filhos.

Meses depois, antes de outro passeio, trabalhamos sobre sua preparação. Ela aceitou fazer um exercício desafiador para sua personalidade: submeter-se às sugestões de atividades dos filhos, sem questioná-los ou impor modificações. As crianças estranharam o comportamento, mas tiveram um olhar positivo sobre ele. Disseram que a mãe estava "muito legal". Na sessão seguinte, ela se emocionou ao contar o episódio. Havia, finalmente, se divertido.

Ao encontrarem o equilíbrio entre o rigor e o prazer, as pessoas do tipo 1 tendem a se tornar líderes exemplares – obviamente exigentes, mas que reconhecem o valor daqueles que trabalham arduamente e honram os compromissos.

São inspiradores para os subordinados, uma vez que levam até o fim as tarefas que lhes cabem. Por serem obstinados e buscarem constantemente melhorias e desempenhos eficientes, são profissionais-chave para a *performance* de uma empresa e ajudam quem está por perto a se desenvolver a seu exemplo.

Em geral, o tipo 1 sabe o que precisa ser dito nas situações, mas nem sempre o faz. Quando busca o autoconhecimento e desenvolve suas capacidades, é um dos tipos que têm facilidade em se expressar de forma assertiva, gerando um ambiente de confiança e redescobrindo o prazer de viver bem.

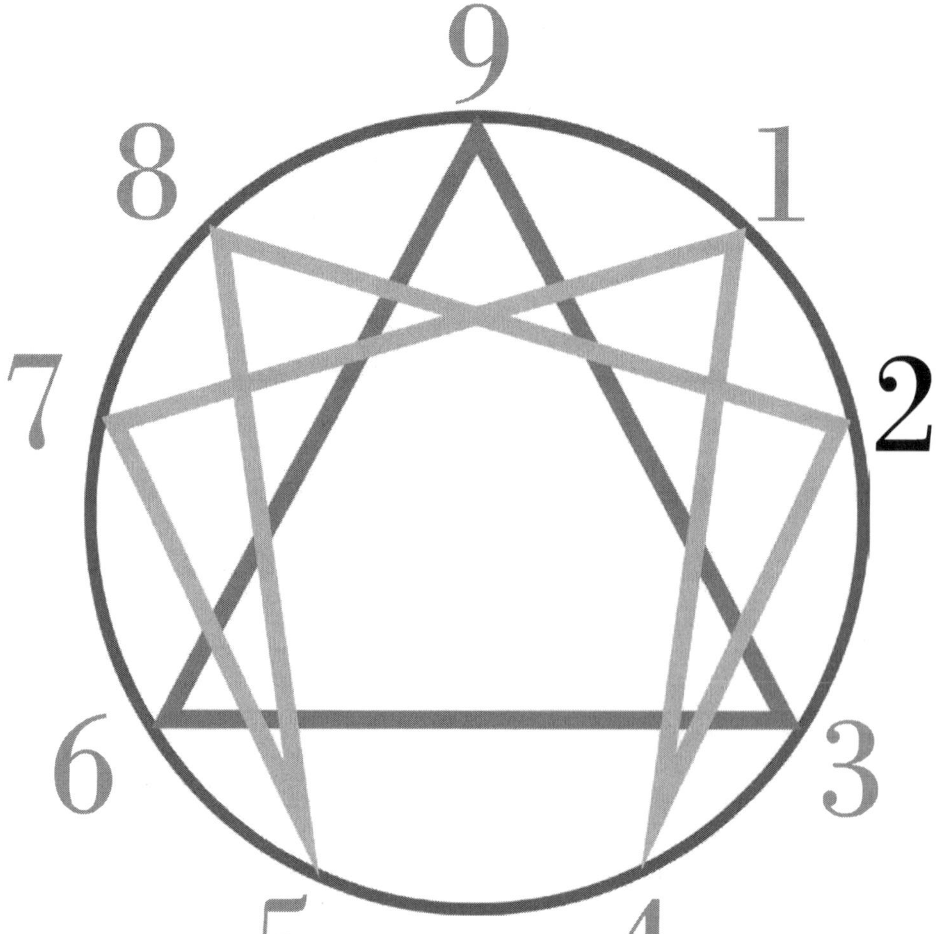
9
1
2
3
4
5
6
7
8

TIPO 2

O SERVIDOR

por André Batista

O perfil 2 do Eneagrama é aquele que foca sua atenção na presteza. Ajudar os outros é algo de muita importância para essas pessoas. Elas buscam manterem-se sempre presentes e indispensáveis para todos os seus eleitos (aquelas pessoas com quem elas têm afinidade e para as quais não conseguem dizer NÃO).

Sua atenção está sempre voltada para fora, para as necessidades alheias. Esse movimento faz com que elas esqueçam suas próprias necessidades, deixando o que precisam para segundo plano. Esse comportamento é conhecido como o Mecanismo de Defesa da personalidade, que existe para evitar que essas pessoas entrem em contato com suas próprias carências.

Outro aspecto importante da personalidade é o orgulho, que representa a paixão desse tipo. Normalmente as pessoas desse perfil não percebem nem admitem a existência dele, pois se veem como pessoas boas e solícitas. Mas ele se esconde por trás da dificuldade que elas possuem de pedir ajuda aos outros, acompanhada da ideia de que os outros devem pedir ajuda a elas e quando não o fazem elas se sentem preteridas.

Mas, apesar desse perfil, encontramos alguns representantes desse tipo, principalmente no ambiente profissional, que podem ser pessoas bem impactantes, ambiciosas e assertivas. Por trás dessa "dureza" persiste a necessidade do reconhecimento e de ser importante. Eles se veem como alguém que ajuda muitas pessoas, focando em grandes projetos e ações sociais, usam seu *status* e influência para conseguir mobilizar as pessoas para as causas em que acreditam. Nesses casos o orgulho pode se manifestar através da sensação de serem importantes e de que resolvem as coisas e geram benefícios para os outros. Podem ser grandes executivos, que relutam em demonstrar esse lado mais sensível e preocupado com a aprovação alheia. Alguns deles podem seguir um grande líder, migrando de uma organização para outra, por ter a sensação de que é uma peça fundamental na vida desse líder que eles admiram.

Entretanto o tipo 2 quando alcança um estado de maior conexão com sua essência passa a entender que todos somos livres para amar e que ele, assim como todos, tem direito de ficar cansado e às vezes não estar disposto a ajudar e mesmo assim os outros vão continuar amando-o. Nesse momento os tipos 2 se conectam com a virtude da Humildade, reconhecendo seus limites, e com a ideia superior da Liberdade, de que o amor é livre e não exige recompensas, sejam elas elogios ou qualquer outra coisa, pois as coisas que fazemos por amor são decorrentes de uma escolha nossa, logo, o outro não precisa retribuir.

No entanto a maioria das pessoas do perfil 2 encontra-se em contato com a personalidade e com o orgulho. Por isso eles têm muito presente essa dificuldade em perceber suas necessidades e acabam buscando um processo de Coaching mais para algum parente ou conhecido, que eles acham que precisa, do que para eles. Apesar de que, quando requisitam um processo, normalmente, vêm com algumas demandas como as descritas a seguir.

Descobrir seu objetivo de vida - Por demandarem muita atenção para os outros existem momentos em que os tipos 2 se percebem vivendo uma vida que não foi a que escolheram, mas, muitas vezes, não sabem qual seria a que eles gostariam de viver. Isso acontece pelo fato de os tipos 2 focarem sua vida e felicidade em fazer os demais felizes e se anulam nesse processo. Quando perdem o ponto central da vida (as pessoas eleitas) eles ficam sem direção. Isso acontece muito, por exemplo, quando eles dedicam sua vida a cuidar dos pais e esses falecem ou quando a devotada esposa enfrenta um divórcio e passa a ter de cuidar dos filhos e reconstruir sua vida. Então surge a demanda de um novo propósito na vida.

Aprender a dizer "não" - Essa é uma demanda que eles trazem por saber o preço desse comportamento nas suas vidas. Muitos chegam relatando vários prejuízos, inclusive financeiros, por não conseguirem impor limites aos outros. Existe nessa demanda uma crença muito forte de que para ser amado precisa ser prestativo. O grande desafio é descobrir como conciliar o ato de doação com o exagero que gera relação de codependência entre o tipo 2 e seus eleitos.

Investir na própria carreira profissional - Muitos tipo 2 buscam conquistar seu espaço profissional, mas o medo de desagradar as pessoas queridas (como marido, esposa, pais etc.) e resistir às pressões que elas fazem para que o tipo 2 se faça mais presente na vida delas é tamanho que acabam deixando suas carreiras em segundo plano. Alguns buscam se reposicionar no mercado e conciliar isso com a manutenção da relação com os eleitos. Quando inicia o Coaching ele percebe o que pode ter sido perdido e busca focar em desenvolver sua própria carreira independentemente das pressões dos demais.

Desenvolvimento da liderança - Apesar de os tipos 2 serem *experts* em lidar com pessoas, eles encontram um grande desafio ao assumirem a liderança de equipes, pois eles passam a ter que dar *feedbacks* mais assertivos, a dar prazos e limites para os outros e correm o risco de dizer muitos "NÃO". Por isso muitos deles buscam o Coaching para o desenvolvimento dessas habilidades necessárias para obtenção do resultado desejado pela empresa.

Demonstrar as próprias necessidades - Deixar claro para os outros suas necessidades e reconhecer que também tem importância é uma demanda frequente. Quando falamos nessas necessidades está incluso desde ser notado no relacionamento, tirar férias ou expressar seu lado mais sensível sem o medo de represálias ou ser visto como "fraco" no ambiente corporativo.

No entanto, apesar do jeito doce e amável da maioria dos tipos 2, conduzir um processo de Coaching com eles pode apresentar alguns desafios como a dificuldade em se conectar com suas necessidades reais. O principal fator que interfere nisso é o orgulho, que representa a paixão desse tipo e que por causa dele eles têm grande dificuldade em perceber o que realmente desejam. Esse movimento do coração dos 2 faz com que eles creiam ser indispensáveis na vida dos outros e que não precisam da ajuda dos demais (apesar de não falarem assim abertamente, pois eles costumam disfarçar isso dizendo que "não querem incomodar os outros").

Outro desafio é o cliente acolher a raiva e outros sentimentos "não tão positivos", que podem surgir ao longo das sessões. Eles costumam mascará-los e isso dificulta entrar fundo nas reais questões que incomodam e que podem ser as chaves da mudança na vida deles. Isso é decorrente da autoimagem positiva que os tipos 2 têm de si mesmos. Eles gostam de ser vistos como "os bonzinhos e amigos", logo, expressar raiva e outros sentimentos assim faria as pessoas os verem diferentes.

Outro desafio é o *coachee* 2 realmente se entregar ao processo e confiar no seu *coach*. Apesar de não parecer, eles tendem a não confiar nos outros quando se trata de cuidar deles. Muitas vezes não acreditam que os demais possam cuidar tão bem deles quanto eles fazem com os outros, ou que os outros se importem como eles. Por esse motivo, alguns tipos 2 demoram a se abrir e confiar no *coach*.

É desafiante também lidar com a hipersensibilidade do *coachee* 2. O *coach* deve estar sempre atento ao que o tipo 2 diz e ao que não diz. Pois se o cliente 2 não percebe que seus sentimentos são valorizados ou que o *coach* se mostra indiferente (mesmo não sendo) ele pode criar barreiras e até se desmotivar com o processo. O mesmo pode acontecer quando o *coach* fala algo que magoe o *coachee* 2 (um exemplo seria uma pergunta poderosa de enfrentamento, que ele precisava ouvir, mas o *coach* não percebe o quanto isso foi impactante), e se ele não perceber isso também afetará o processo, soando para o 2 como uma crítica e fazendo-o se travar.

Ao longo do processo de Coaching com a pessoa do perfil 2 é necessário que o *coach* esteja atento a algumas armadilhas que podem surgir e afetar o resultado do processo.

Uma dessas armadilhas seria o *coachee* tipo 2 querer focar o processo em obter uma maneira de conseguir conquistar ainda mais os outros. É muito normal ele propor tarefas que tenham o foco nos outros. É possível virem demandas como: "Eu gostaria de fazer meu casamento ser mais feliz e o meu marido gostar mais de mim" ou "quero ser uma mãe melhor para os meus filhos".

Existe também a tendência de o *coachee* 2 querer colocar o tema da sessão nos outros. Ele passa a falar mais dos eleitos do que das próprias questões. O *coach* deve ficar atento e trazer o *coachee* novamente para o eixo principal que é a demanda dele!

Outra armadilha é o tipo 2 querer agradar e necessitar do reconhecimento do *coach*. É muito comum no processo o *coachee* propor tarefas ou dizer que as realizou sem ter feito, apenas para não desagradar o *coach* ou realizá-las com dedicação e ficar esperando o elogio. É muito importante ser ressaltado no início do processo o grau de responsabilidade de cada envolvido no alcance do objetivo e que o *coach* esteja muito atento a esse movimento do tipo 2 em querer agradar e ajudá-lo a ver a necessidade de aprovação que está por trás desse comportamento.

O cliente 2 querer se tornar o "*coach* do próprio *coach*" ou o "amigo do *coach*" é outra armadilha. Ele vai sutilmente entrando em um processo de ajudar o seu *coach*. Essa ajuda vem através de uma necessidade de aproximação em que o cliente vai tornando a relação uma "amizade". Ele pode trazer "agrados" (comidas, presentes etc.) ou mesmo perguntar sobre questões pessoais e começar a modificar os papéis.

Como mencionado na Introdução, no processo de Coaching com Eneagrama nós podemos sugerir, pontualmente, algumas tarefas desafiadoras. Seguindo essa linha de raciocínio entendemos que em alguns momentos nós podemos desafiar os nossos clientes, propondo tarefas que os levem a ir além do ponto de vista do seu Eneatipo, podendo ser algo que o conecte com suas flechas ou mesmo algum outro aspecto da personalidade que precisa ser desenvolvido para que o objetivo possa ser alcançado. Essas são tarefas que têm correlação com o processo de desenvolvimento que o Eneagrama propõe para aquele perfil de personalidade e que, portanto, seria difícil o cliente propor algo tão diferente do seu modelo de mundo, mas que gera resultados impactantes para eles, mesmo sendo tarefas consideradas simples para quem não seja desse perfil, para os tipos 2 são muito diretas nas questões centrais deles.

Algumas dessas tarefas que podem ser adotadas no processo de Coaching com as pessoas do perfil 2 do Eneagrama são:

Reflexão das motivações - Essa é uma tarefa que tem um grande impacto para os clientes do tipo 2. Você, *coach*, pede para o seu cliente, sempre que se vir em uma situação em que alguém lhe peça ajuda ou ele mesmo perceba o ímpeto nele de querer oferecer-se, que ele pare e se questione: "O que estou fazendo é uma doação ou sacrifício?" As pessoas do perfil 2 possuem um coração amoroso e têm prazer em ajudar, mas o seu grande desafio é reconhecer quando isso é feito por uma escolha ou por uma falta de escolha. Como elas tendem a querer as pessoas próximas, acabam evitando dizer "NÃO" para elas e isso gera um desgaste no eneatipo 2. Quando for uma doação ela não precisará de reconhecimento, no entanto, se aquilo que vai ser feito é um sacrifício, logo vai precisar de um "pagamento", ou seja, um reconhecimento, e caso isso não ocorra logo vem a sensação de ter sido explorado ou de que os outros são ingratos.

Lista de necessidades - Algo que é realmente importante para as pessoas do eneatipo 2 é reconhecer suas próprias necessidades, sejam elas físicas, emocionais, financeiras etc. Por esse motivo é importante para o *coach* estimular o *coachee* a fazer uma lista de coisas que ele precisa, mas esteja atento para que essas coisas sejam algo que traga benefícios somente para o próprio tipo 2 sem ter a presença ou interferência dos eleitos. Isso já será um *insight* por si mesmo, pois o cliente toma consciência do quanto é difícil escrever sobre coisas que sejam exclusivamente para ele. Os tipos 2 costumam relatar que se sentem "culpados" quando se percebem fazendo algo só para o seu prazer pessoal. Pode ser vinculada a essa tarefa uma Lista de Desejos ou Sonhos.

A partilha - Mais do que pedir a uma pessoa do tipo 2 para escrever sobre as suas necessidades é convidá-la e escolher uma pessoa de sua confiança e fazer o exercício de partilhar isso com essa pessoa. Nesse momento o *coachee vai esbarrar no* orgulho, que é a paixão desse tipo e pode alegar que não quer "atrapalhar" os outros com esse conteúdo ou consumo de tempo deles. O *coach* pode explorar isso em uma sessão e ajudar o cliente a lidar com o medo de receber uma negativa do outro. Esse é um dos motivos que faz com que eles evitem ao máximo pedir ajuda.

A viagem - O grande desafio do eneatipo 2 é de se perceber sem as pessoas que ama. Mas nesse processo ele acaba esquecendo-se de acolher a pessoa dele. Por isso pode ser proposto para o cliente que ele faça uma viagem sozinho. Pode ser para uma casa de praia, sítio, serra ou mesmo outra cidade. Mas que ele possa ficar ao menos um final de semana com ele mesmo, sem se preocupar em como fazer para agradar os outros, apenas pensando em agradar a si.

Leitura - É recomendado também o livro "Não diga sim, quando quer dizer não", da editora Viva Livros, autores dr. Herbert Fensterheim e Jean Baer. Essa é uma leitura que serviria de apoio para o *coach* ir ajudando o cliente a entender as consequências de evitar as negativas, pois muitos tipos 2, quando não estão em um estado elevado de consciência, não admitem que sua ajuda é excessiva ou que cria dependência nos demais.

O *feedback* - Quando o cliente está fazendo um processo de *business coaching* em algum momento o *coach* precisa trabalhar com o cliente sua competência em conduzir *feedbacks*. Normalmente o eneatipo 2 não consegue pontuar os aspectos de melhoria e os liderados saem com a sensação de que só receberam elogios. O *coach* incentiva o *coachee* a fazer uma relação no papel de todos os aspectos de melhoria e os pontos positivos do liderado dele e pede ao cliente para simular como se estivesse dando o *feedback*. O *coach* grava a sessão e em seguida mostra ao cliente e junto com ele vai tornando a comunicação mais assertiva.

Case de sucesso

Há uns dois anos eu acompanhei uma *coachee* do perfil 2. Ela chegou dizendo que precisava mudar. Essa necessidade tinha surgido logo após ela fazer o curso de Eneagrama e ter consciência das consequências das atitudes que tomava com base na sua personalidade. Ela havia passado por várias perdas, inclusive do emprego, e estava em crise no relacionamento. Mas ao iniciar o processo de Coaching fomos focando o que tinha deixado tirarem dela e o que a partir daquele momento seria inegociável para ela.

Ela fez essa lista do que era inegociável e começou a se posicionar com as pessoas sabendo o que não queria mais para si. No entanto, o grande desafio veio no processo de tomada de consciência do quanto o orgulho era presente na vida dela.

Um exemplo claro disso era que ela se via como uma pessoa boa e que era fundamental para os outros ao ponto de que, mesmo estando em uma situação financeira difícil, continuar a pedir dinheiro emprestado, no seu nome, para dar suporte a seus parentes (pais e irmãos), que eram adultos e tinham suas próprias casas, mas ela sentia que estavam necessitados. Ao tomar consciência de que isso era para esconder suas próprias carências ela começou a se questionar de "quem realmente estava precisando de quem?" e optou em só ajudar quando realmente pudesse e fosse necessário.

Um grande divisor de águas foi quando ela começou a colocar no seu dia a dia a prática de se questionar sobre Doação e Sacrifício. Isso foi fazendo-a perceber o quanto era importante se posicionar e dizer "Não". Até mesmo com os eleitos (marido, familiares e amigos próximos) ela foi começando a expressar o que realmente queria. No início, algumas pessoas próximas começaram a estranhar o comportamento e inclusive a pressionar para que voltasse a ser como antes, mas como tinha conhecimento das questões do seu tipo e da importância que era para o seu crescimento dizer "Não", ela se manteve firme na mudança (o que não acontece com algumas pessoas que são tipo 2 e não conhecem o Eneagrama e tentam fazer esse processo, mas acabam recuando pelo medo de perder as pessoas próximas).

Ela percebeu que as pessoas que realmente a amavam, com o tempo, acabaram respeitando a opinião dela e algumas pessoas, que internamente ela sabia que estavam próximas pelo que ela oferecia, acabaram se afastando e isso trouxe um grande alívio, pois diminuiu o peso das infinitas demandas.

Profissionalmente ela também se desenvolveu e passou a acreditar mais nas próprias competências, dentro do processo ela foi trabalhando o amor próprio. Isso também repercutiu no relacionamento amoroso, no qual tinha o marido como um eleito e por isso não conseguia contrariar nenhuma vontade dele. Ela passou a expressar mais a própria opinião e a se colocar como protagonista da relação. O ponto-chave da mudança dos relacionamentos conjugais dos tipos 2 é quando eles percebem que normalmente não estão em situação de igualdade com o parceiro (a). Eles se colocam, na maioria das vezes, como mãe ou pai do cônjuge e em alguns casos como filhos. Quando o 2 tomou consciência desse papel ela saiu de mãe para esposa, iniciando assim um processo de reconhecer suas necessidades dentro da relação, o que trouxe aprendizados para o casal e mais sentimento de apoio mútuo.

Hoje é uma pessoa mais feliz, se reposicionou na carreira e está conseguindo se expressar livremente sem a pressão do que os outros pensam sobre ela.

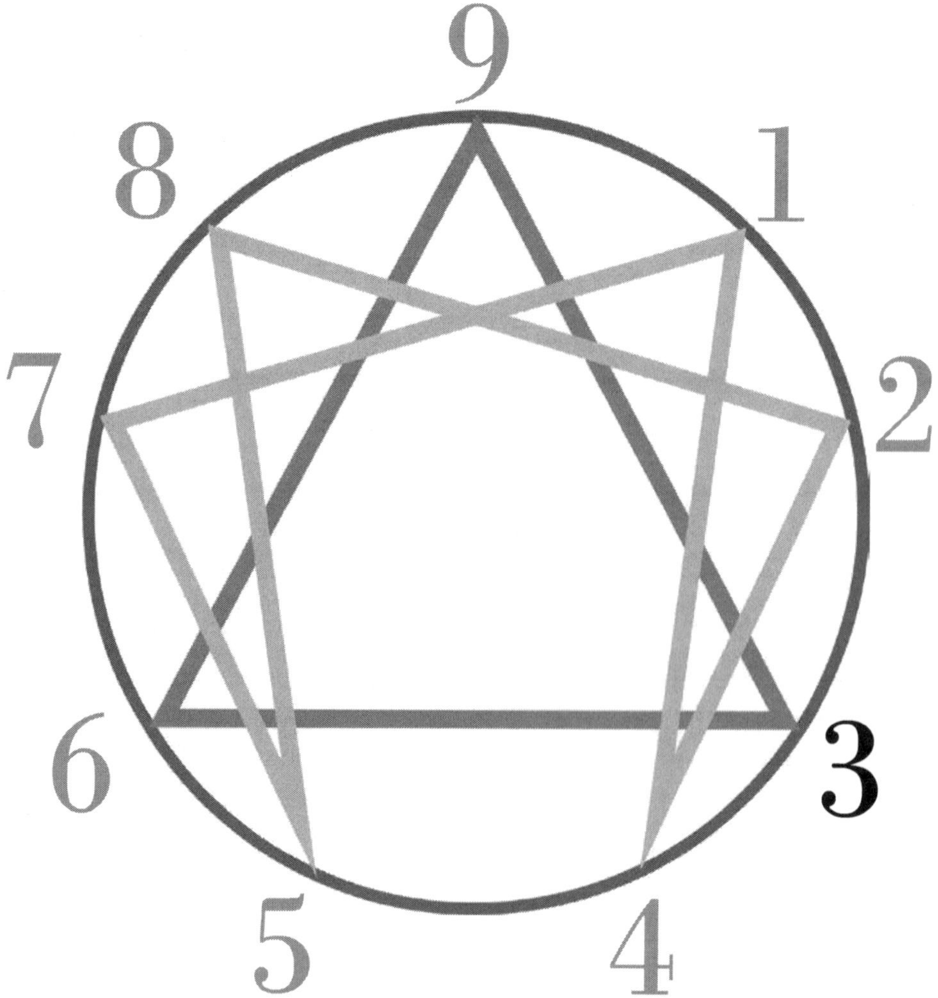
9
8
1
7
2
6
3
5
4

TIPO 3

O REALIZADOR
por Nicolai Cursino

O tipo 3 está no centro da tríade das emoções do Eneagrama, também chamada de tríade da imagem, do abandono e da rejeição. Pessoas dessa tríade (composta pelos tipos 2, 3 e 4) percebem a realidade principalmente através de leituras feitas pelo seu centro emocional, cardíaco, localizado no centro do peito. Costumam ser mais preocupadas que as outras com reconhecimento, imagem e se estão ou não sendo "valorizadas", "rejeitadas", "abandonadas".

Paradoxalmente, a maioria das pessoas do tipo 3 que você encontrará pelo seu caminho terá uma grande dificuldade em lidar com as emoções. Frequentemente vão se mostrar como pessoas mais racionais e práticas, voltadas para obtenção de metas concretas, acreditando que seu valor encontra-se nos "sucessos" que conquistam e no reconhecimento que recebem. Fogem do coração (emoções) com medo que este os atrapalhe em suas metas. Vão parecer pessoas mais racionais (mentais) e com muita energia de conquista (corpo) e aparentemente mais "frias" em nome da eficiência.

Clientes concretos, ambiciosos, que virão ao processo em busca de metas como ser rapidamente o novo presidente da empresa ou transformar logo sua recém-aberta *start-up* no mais novo negócio de um bilhão de dólares do país.

A crença central nesse nível de desenvolvimento é *"Meu valor é proporcional aos resultados concretos que atinjo, aos sucessos que conquisto"*, tornando-os acelerados, ambiciosos, *workholics*, e perseguidores ultrafocados da próxima medalha que finalmente os fará felizes e os levará ao lugar mais alto do pódio. Seu maior medo é o medo do fracasso, o medo de não ter valor pelo que é, apenas pelo que conquista através de seus múltiplos personagens de ultraeficiência. Pode tornar-se um "fazer sem Ser".

O coração se enche de **Vaidade**, o nome dado à paixão (vício emocional) do seu tipo. Vaidade de "ser o melhor", de "conquistar tudo e vencer". Com isso vai se perdendo de quem realmente é. Irá se tornar aquilo que faz sucesso, que dá mais certo no mundo, com medo de que um dia essa máscara caia ou a estratégia não funcione (medo que a maioria das pessoas nem percebe que tem, já que a sua velocidade de conquista as manterá muito fora desta consciência, sempre atrás da próxima meta...). Sua personalidade irá **Identificar-se,** que é o nome do mecanismo de defesa psicológico do seu tipo, tornando-o um camaleão que pode se comportar de um jeito na empresa, de outro em casa e de outro no jogo de futebol. Aquilo que fizer mais "sucesso". Aquilo que "meus pais queriam que eu fosse", ou ao menos que ele acreditou que eles desejavam. Sua mente será frequentemente dominada pelo **Autoengano**, um conjunto de pensamentos repetitivos e crenças (fixação) de que realmente "eu sou o personagem de sucesso que me tornei", iludindo-se a respeito de quem realmente é. Uma armadilha em que todos nós caímos, mas que as pessoas do tipo 3 caem mais do que as outras.

Principais demandas

Um dos assuntos mais trazidos nos processos de Coaching por clientes do tipo 3 é a necessidade de equilibrar sua vida profissional (carreira), com a sua vida pessoal (família, saúde, lazer etc.). Normalmente colocam tanto foco em seu sucesso e ambições pessoais que desequilibram as outras áreas da vida, frequentemente deixando tudo para trás em nome de metas e mais metas.

Outra demanda comum, especialmente nos processos de Coaching de executivo, tem a ver com a necessidade de conseguir diminuir o seu ritmo e prestar mais atenção nas pessoas a sua volta. Dar mais atenção genuína a elas, em especial aos seus sentimentos, ao invés de considerá-las apenas como recursos para atingir suas metas. Frequentemente os executivos do tipo 3 consideram as outras pessoas "mais lentas", "menos ambiciosas", e isso pode trazer uma série de problemas de relacionamentos, nos quais as pessoas se sentem usadas ou desconsideradas. Desenvolver mais paciência, estar mais disponível para as pessoas apenas por elas serem pessoas.

Outra demanda comum também no Coaching executivo é o excesso de competitividade, que pode causar inimizades e jogos políticos de toda ordem. Sucesso e ambição pessoal que não levam em conta o grupo e os interesses dos outros. Menos competição, que acontece inclusive com subordinados, quando estes começam a se destacar demais.

A necessidade de ser reconhecido em excesso também gera consequências que terminam por aparecer como demandas nos processos de Coaching. Essa aparente autoconfiança de "ser o bom" pode se mostrar por uma insegurança sobre si mesmo e seu valor, que pode ser percebida pelos outros, em especial por seus gestores.

Também a possível arrogância de achar que é melhor que os outros e a vaidade de ter que fazer as coisas mais importantes, as que dão mais visibilidade, podem torná-lo um centralizador. Delegar e afastar-se da "mão-na-massa" é uma demanda comum para líderes. Dar-se conta de que nem tudo depende dele e do seu esforço, e que o mundo não gira ao seu redor.

Quando clientes do tipo 3 que estiverem acessando um estágio de desenvolvimento pessoal maior, as demandas e o foco de trabalho mudam um pouco de natureza. Quando perceber que um cliente do tipo está realmente acessando seus sentimentos, importando-se com as pessoas, tocado pelo fato de ter atropelado e deixado para trás tantas pessoas importantes em sua vida, e que há coisas na existência muito mais importantes do que ser o primeiro da classe para ganhar a admiração do pai e da mãe, então existe um convite para um trabalho de Coaching em um nível mais profundo de desenvolvimento. Esse é o momento de ajudar o cliente do tipo 3 a sentir o coração, a sentir suas emoções, derramar suas lágrimas, e finalmente dar-se conta de que no fundo é uma pessoa muito emocional, e que tem bloqueado isso em si mesmo pelas medos de sua infância. Esse processo o tornará uma pessoa mais amorosa, respeitosa, atenciosa e voltada ao ser humano e suas relações, tornando-se ela mesma mais feliz e sensível. Para de atropelar os outros e realmente entra em sintonia com sua velocidade.

Neste ponto os clientes de tipo 3 estão sendo convidados a perceberem seus medos que estavam escondidos, e por detrás deles a pergunta: "Quem sou eu afinal por detrás de todos esses personagens de sucesso que criei?", "Isso realmente me faz feliz, ou tornei-me isso esperando a admiração de alguém? De quem?", "Será que essa é a carreira que preenche a minha alma, ou é aquela que me dá mais sucesso, poder e dinheiro?", aliás, "Por acaso eu sei o que realmente preenche minha alma? Tenho coragem para ver isso claramente?"Nesses momentos do processo, o *coach* deve possuir outros tipos de ferramentas de desenvolvimento além das perguntas poderosas e das ferramentas estruturadas para obtenção de metas externas. Deverá saber conduzir um processo de despertar de propósito, que pode conduzir a um início de processo de despertar espiritual.

Vale lembrar que as metas externas (conquistar coisas) e o desenvolvimento interno podem e devem andar juntos. Não se trata de o tipo 3 conquistar menos coisas ou ter menos sucesso, mas sim dar-se conta de "a serviço de quem" está a construção desse "sucesso". A serviço da necessidade de admiração e posses para preencher o vazio interno de valor, ou da real felicidade e até mesmo da felicidade coletiva?

Desafios e armadilhas

Acredito que o principal desafio na condução de um processo de Coaching com um tipo 3 é fazer com que ele seja verdadeiro com quem realmente é. Muitas vezes ele terá antes que descobrir quem realmente é, o que pode não ser uma tarefa muito fácil.

Muitas vezes a meta desse cliente de Coaching é a meta que o faria "ganhar mais", "ter mais sucesso", "ser mais reconhecido e admirado", e na maioria das vezes isso nada tem a ver com o que no fundo realmente o faria feliz. Por isso é importante saber de quem é essa meta e ajudá-lo a ter discernimento e consciência sobre isso.

Quando isso não é feito, acontece a maior e mais comum armadilha em processos de Coaching com o tipo 3. Ele chega com uma meta superambiciosa e o *coach* o ajuda a trabalhar ainda mais arduamente para consegui-la, podendo levá-lo ainda mais ao desequilíbrio pessoal (deixar a vida pessoal e as pessoas que ama para trás, sem o seu tempo, acreditando que isso não tem importância ou que está fazendo todo este sacrifício "por eles"), e levá-lo ainda mais a acreditar que aquele personagem de sucesso que ele está "vestindo" é ele mesmo. Esta é a maior das armadilhas. Ele vai conseguir o que quer, e isso o deixará ainda mais inconsciente, mais ambicioso, mais distante de seu próprio coração e dos outros. Vai reforçar ainda mais os seus padrões de inconsciência e de padrões dentro da sua própria personalidade. Pode conseguir o que quer, mas no final não será mais feliz ou livre com isso, e com certeza muitos terão sido atropelados pelo caminho.

Outras armadilhas comuns no processo são a pressa (querer resultados práticos rápido demais, ir direto com a visão utilitária, "o que eu vou ganhar com isso"?), a preocupação com a imagem de sucesso (faz "média" com o *coach* para que o *coach* o veja somente como um "sucesso"), fugir dos sentimentos e ficar frio e mecânico, a arrogância ("eu sou melhor que este *coach*, sou presidente dessa empresa e ganho dez vezes mais do que ele") e até mesmo não ter nunca tempo para dedicar-se à sessão de Coaching ou a suas tarefas, especialmente as mais pessoais.

Dicas para o *coach*

Algumas posturas importantes para o *coach* no Coaching "normal":

- Desafie o cliente sempre, com metas ousadas;
- Mostre que você mesmo é muito competente e de muito "sucesso" no que faz;
- Use referências de atendimentos e *cases* de sucesso;
- Mostre a ele modelos de pessoas "de sucesso" que se desenvolveram no que ele precisa desenvolver;
- Dê a ele reconhecimento pela sua competência, com muito entusiasmo;
- Celebre as metas conquistadas;
- Ajude-o a olhar para a família e amigos e as consequências de ser muito autocentrado ou *workholic*;
- Mostre a ele os possíveis riscos de não enxergar risco nenhum (tendência a ir direto fazendo, sem o tempo adequado de planejamento).

Algumas posturas importantes para o *coach* com clientes em estágio de possível aumento de consciência psicológica e espiritual:

- Ajude-o a perceber e ter a coragem de voltar a sentir seus verdadeiros sentimentos (respirar no centro do peito, abrir espaço e convidá-lo para que se emocione, acesse amor por pessoas queridas. Acesse tristeza, e expresse);
- Ajude-o a sentir o medo de "fracassar", o medo de não ter posses ou de não ter sucesso e investigar "quem sobra" se isso tudo isso se for;
- Provoque-o para descobrir quem ele realmente é, sua verdadeira missão e propósito, se não tivesse de cumprir um papel de "sucesso" na vida;
- Ajude-o a sentir o carinho e o amor pelas pessoas e a valorizar isso;
- Ajude-o a entrar novamente no ritmo natural da vida, na sincronicidade, fluindo com a velocidade da vida e entregando-se a ela, saindo da loucura de achar que pode "fazer o seu próprio tempo".

Sugestões de tarefas

- Elaborar uma "roda da vida" ou qualquer outro tipo de ferramenta que lhe permita mapear como está o equilíbrio nas áreas de sua vida e a responder: "O que está desequilibrado?" e "Quais as consequências futuras desse desequilíbrio?"Elaborar um mapa de relacionamentos com as pessoas de sua família, ou um diagnóstico por constelação sistêmica, para dar-se conta de como está o equilíbrio entre o seu foco em si mesmo e nos seus sucessos e a atenção a seus familiares. Como eles estão sendo impactados por o tipo 3 ser do jeito que é? Os outros estão sendo levados em consideração em seu ritmo de vida e ambição pessoal? Quais as prováveis consequências para ele no futuro? Faça-o perguntar aos outros como eles se sentem com a ambição e não sensibilidade dele;

- Praticar jogos e exercícios onde tenha função de suporte e não de protagonista. Lidar e perceber a sensação de "não ser destaque", e o que aprende com ela;

- Entrar em atividades e jogos que valorizem exclusivamente a colaboração e nada de competição (se um ganha, todos ganham e vice-versa) e ver o que aprende;

- Praticar meditação. Nem que sejam cinco minutos por dia. Isso é obrigatório. Quanto maior o desespero dele, mais ele precisa disso. Peça para aprender e refletir: "Por que eu não consigo ficar parado?", "Qual o medo por detrás disso?";

- No trabalho e em casa praticar ouvir os outros com atenção e humildade, até o final, no ritmo deles. Como ele se sente e o que aprende com isso?;

- Delegar mais projetos, principalmente os que dão mais visibilidade. Pratique colocar outras pessoas no centro das atenções e ver como se sente;

- Em meditação, permitir a presença dos medos de fracasso, medo de não ter valor, e perguntar ao próprio coração: "Quem eu realmente sou?";

- Ir até um riacho tranquilo no final de semana, sentar-se na margem e observar em silêncio o seu ritmo por 15 minutos, sem fazer nada. "Como se sente? O que você aprende com isso?"

Exemplo real de atendimento

Maria era diretora de uma grande multinacional do setor financeiro com sede em São Paulo. Vivia uma vida profissional de enorme pressão por resultados de todos os lados, além de uma rotina diária de conflitos intermináveis com os outros membros da diretoria, o que levava a um dia a dia extremamente pesado e com alta carga de *stress*, além de falta de saúde emocional e física.

Era considerada muitíssimo eficiente, mesmo tenho assumido diferentes diretorias nos últimos anos, conseguiu subir os resultados em todos os postos que assumia. Seu maior destaque aconteceu anos antes quando havia assumido a gerência comercial de uma linha de produtos "patinho feio" e a transformou em um ano numa referência internacional de resultados. Aparentava ser uma pessoa fria, de pensamento muito rápido, focada em eficiência mais eficiência, e que não admitia menos do que uma *superperformance*.

Conhecemo-nos quando realizei um *workshop* de integração entre os seus muitos gestores, espalhados pelo país, com muitos problemas de alinhamento e comunicação. Percebi nas entrelinhas do almoço de nosso primeiro dia que ela se importava muito com as pessoas da equipe, mas não deixava isso transparecer. Por detrás daquela aparente frieza focada, havia toques de emoções escondidas e disfarçadas, de profundo carinho pelas pessoas do seu time, em especial pelas mais batalhadoras.

Tivemos um primeiro encontro de Coaching após o *workshop*, onde depois de algum trabalho para deixá-la segura perguntei o que realmente estava por detrás daquela correria toda, da saúde abalada, família que quase não via, e conflitos na empresa, e o "personagem masculino" de sobrevivência.

Entreguei a ela um exemplar do meu livro "Eneagrama para Líderes" e sugeri que ela fizesse o teste do livro, lesse os três capítulos com mais pontuação, e depois me desse um *feedback* por mensagem de áudio. Três dias depois ela me chamou extasiada, pois se encontrou totalmente no tipo 3. Leu o capítulo inteiro e estava surpresa e abalada ao mesmo tempo. A segunda sessão presencial foi, portanto, completamente diferente.

Contei a ela sobre o tipo 3 e os riscos de desequilíbrio nas áreas da vida, de superidentificação com metas e personagens de sucesso. Sobre a tendência *workholic* e a tendência de viverem vidas inteiras de sucesso que não são suas, que criaram para serem vistos como vencedores pelos outros, em especial pelos pais (ou um deles), desde criança. Que muitos constroem carreiras inteiras de sucesso sem se permitirem perguntar "quem sou eu por trás de tudo isso?" Isso foi suficiente para que ela caísse em prantos logo na segunda sessão. Ela então me contou que era realmente isso, que quando jovem tinha um sonho grande de ser cientista, e que abandonou para ter "mais sucesso" em outro caminho, e que mesmo na empresa não gostava da área comercial, e que realmente gostava de cálculos da área de inteligência de mercado, em que ela não tinha formação, mas que fazia brilhar seus olhos. Que há anos não estava feliz, mas tinha família para sustentar e um grande cargo para manter. Que era vista como "sucesso" até mesmo pela matriz nos EUA, e que mesmo desejando muitas vezes "ser mais feliz" em outro lugar nunca teve coragem de abandonar tantas oportunidades. Havia rumores que ela era cotada para se tornar vice-presidente comercial. Era infeliz, mas o veneno era muito doce, nas próprias palavras dela.

As próximas sessões giraram em torno dessas questões. Ela corajosamente acessando mais e mais suas verdadeiras emoções e se permitindo descobrir quem realmente era e gostava. Da porta da sala para fora, continuando a ser a mesma superexecutiva comercial "rolo compressor", de aparente frieza cirúrgica.

Depois de algumas sessões, ela tomou uma decisão. Iria procurar no mercado um apoio de um processo de recolocação, e também uma pós-graduação em inteligência de mercado, para que pudesse um dia unir as duas coisas. Tirou uma semana de férias em Campos do Jordão com as filhas, depois de mais de três anos sem fazer isso. Elas estranharam e ela se permitiu um pouco ser feliz com algo bem simples. Estava aos poucos sentindo mais o próprio coração e sentindo de fato a importância das pessoas em sua vida.

Quando finalmente iria partir para um novo projeto de carreira, que lhe brilhava os olhos, não foi capaz. Foi convidada pela matriz a assumir uma vice-presidência. Sua vaidade e desejo de sucesso não aguentaram. Mesmo tendo consciência de que não seria feliz, não resistiu ao "sucesso". Chegou a me confessar que desejava ter sido demitida ao invés de promovida.

Nas sessões restantes, dedicou-se a construir uma capacidade de manter-se mais e mais equilibrada em meio ao caos e à pressão que iria sofrer. Começou a praticar yoga, se aproximou das filhas, e começou a tratar seus gerentes e diretores com muito mais humanidade. Aprendeu a delegar mais. Terminou o processo mais feliz do que antes, com uma vida muito melhor, e os resultados da empresa decolando.

Ainda nos falamos de tempos em tempos. Quando a loucura fica demais, ela manda uma "mensagem de resgate", e fala como gostaria de ter coragem de seguir seu grande sonho e como é bom poder conversar comigo. Sabe que seu grande inimigo é ela mesma e sua vaidade, que podem levar novamente ao desequilíbrio.

Sua verdadeira felicidade e realização? Quem sabe um dia. Sinto que está caminhando para isso.

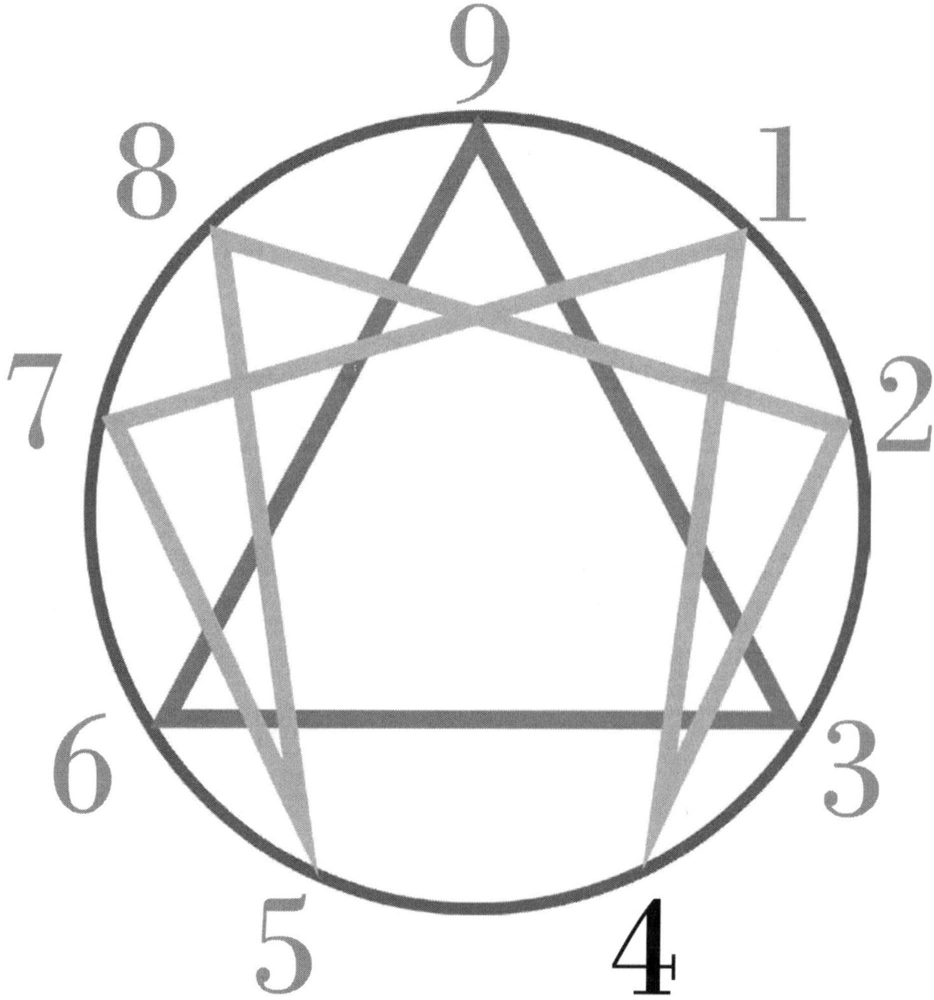
9
8
1
7
2
6
3
5
4

TIPO 4

O INTENSO
por Rachel Kleinubing

Apoiar o desenvolvimento de uma pessoa do perfil 4 em um processo de Coaching é uma emocionante aventura. Talvez comparada a uma montanha russa. Porque ao mesmo tempo em que nos desafia com seus mergulhos emocionais, o tipo 4 também nos surpreende com suas descobertas. Para mantê-lo envolvido é necessário lançar mão de uma caixa de ferramentas colorida, lúdica, cheirosa, encantadora e, ao mesmo tempo, trazer na outra mão a pasta preta de onde saem as mais tradicionais e objetivas ferramentas do Coaching. Sim, tudo isso pode ser necessário para acompanhar a sua dança e deixar o processo fluir. Por isso, tenha em mente que este perfil vai lhe desafiar, é verdade, mas se você estiver disposto a uma experiência de cocriação, sairá com um belo aprendizado sobre a alma humana: a dele e a sua. Para chegar lá, será necessário confiar, mantendo-se firme nas suas oscilações e também relaxar no controle do processo – mais ou menos como empinar uma pipa.

Valor e conexão

A primeira questão fundamental é a seguinte: estabelecer o *rapport* com o perfil 4 exige muita verdade. Não utilize fórmulas prontas. Esteja disposto a olhar profundamente em seus olhos e ouvir, honestamente. Esteja inteiro para ele, pois o 4 tem um faro para detectar quando estamos interessados de fato no que ele está falando e, se perceber que você não se conectou a ele, irá imediatamente sentir a velha sensação (de não ter importância) e chegar à conclusão que você é só mais um que não o compreende. As demandas dos *coachees* de perfil 4 em geral têm um aspecto de densidade, situações complexas e emaranhados emocionais, que envolvem a vida pessoal e profissional. São comuns dilemas relacionados às escolhas, dicotomias (como grande desejo/medo de fazer uma mudança de carreira) e uma forte necessidade de realização. É possível também que ele esteja mergulhado em fantasias e idealizações, ou sentindo que seus dons e talentos são desvalorizados e não sabe que atitude tomar para mudar a situação.

Coachees com níveis mais saudáveis de desenvolvimento podem estar apenas frustrados com a procrastinação, sem energia por ter tantas ideias e projetos na cabeça e não conseguir colocar nenhum em prática. Geralmente esses projetos têm a ver com arte, criatividade, inovações, coisas que dariam sentido profundo à sua vida, mas enquanto ficam apenas no mundo mental acabam tomando enorme energia e fortalecendo a sua sensação de falta de valor e importância.

É também possível que esse cliente esteja em depressão, que é a consequência natural de um estágio crítico de identificação com o ego do tipo. Nesse caso é importante o *coach* encaminhá-lo para um suporte profissional de psicoterapia.

O Eneacoaching é capaz de trazer clareza ao tipo 4, pois atende às necessidades deste perfil: um sistema profundo (que leva ao autoconhecimento) e ao mesmo tempo objetivo e prático (que leva à ação). Entender o seu perfil no Eneagrama alivia a pressão interna de solidão e autojulgamento, pois revela ao 4 que há muitas outras pessoas que sentem como ele, apesar das implicações da sua história individual. Isso, inicialmente, pode ser um choque, já que ele adora se sentir original, mas em seguida a descoberta traz luz ao olhar melancólico que diz "meu sentir é único e sei que ninguém vai me entender". Ao se perceber integrante de uma "tribo", correspondido em suas dores, o 4 já ganha muito oxigênio.

Armadilhas do mergulho

Uma das armadilhas surge exatamente no momento em que o 4 descobre seu perfil/tipo. Nasce aí um encantamento, um desejo de mergulhar mais nessa compreensão de si mesmo, que é típico desse perfil. Esse fato seria ótimo, se não representasse o risco de que ele queira ficar aí para sempre. Essa é uma tendência do 4 para a qual o *coach* deve estar preparado: ele sempre vai querer mergulhar no processo, indo muito além do que seria razoável para o que chamaríamos de uma "sessão produtiva". Vai identificar exemplos da sua história para cada nova descoberta e uma infinidade de detalhes, situações, emoções. É importante aqui que o *coach* limite um tempo para reflexões e entre logo com uma atividade prática que o ajude a trazer para o concreto suas percepções, ideias, sentimentos. Um exemplo: *Escrever no seu caderno/diário do Coaching, ou em uma tabela: 1. O que eu identifico em mim das características do tipo 4 (positivas/negativas). 2. O que posso fazer para minimizar as negativas/aproveitar as positivas.* Outro ponto importante: o 4 terá uma tendência de ficar preso nos aspectos negativos sobre seu perfil. É por isso que o enfoque em suas características deve ser sempre maior para seus aspectos de luz, valorizando seu potencial de essência, pois se focar em suas deficiências isso pode servir para que o 4 confirme suas suspeitas sobre o quanto é difícil ser ele e quanto é difícil para os outros suportá-lo. Seguindo o exemplo acima, uma sugestão para valorizar os aspectos positivos seria: *3. Eleja uma atitude para aproveitar uma de suas características positivas de tipo 4 e defina um plano de ação para colocá-la em prática imediatamente (O quê, Por quê, Como, Onde, Com quem, Quando).*

A sedução da empatia

Para a condução do processo, especialmente para os *coaches* da tríade do coração, é importante ficar atento para não deixar que o *coachee* sutilmente o "pegue pela mão" e o leve para o seu processo. Ele faz isso ao contar sobre sua história, seus sentimentos e reflexões, que são sempre muito significativos e envolventes. A questão é que ao vê-lo abrir o coração no meio de uma sessão não há como mudar de assunto e focar na objetividade sem parecer grosseria. Esse é o problema. Ao perceber que o 4 está fazendo isso, envolvendo você em seus emaranhados, uma boa opção é encontrar o momento oportuno e levá-lo gentilmente a uma pausa. Pedir que volte a respiração para o centro do seu corpo, na base do abdômen, fazer com ele um instante de silêncio e então ajudá-lo a observar e refletir sobre como esses sentimentos o mobilizam e o colocam no estado do qual tanto deseja sair. Então, é a hora de mostrar a importância de ele ir aprendendo a se posicionar como um observador externo dos seus processos, para que enxergue com mais desprendimento emocional e possa visualizar o passo que poderá dar para ter um resultado diferente. Dessa forma ele se sentirá respeitado e ao mesmo tempo você irá ajudá-lo, mostrando a ele que à distância fica mais fácil de visualizar uma solução e tudo ganha uma proporção menor. Se conseguir fazer essa ponte, mesmo tendo abandonado os formulários que você planejava trabalhar, ao sair dessa sessão ele estará se sentindo apoiado e agradecido. E poderá começar a rever a forma como conduz seu posicionamento diante das próprias crises.

Profundidade positiva

Uma regra básica para apoiar o desenvolvimento de um tipo 4 é respeitar a sua profundidade. Por isso, a simples menção da palavra "drama" deve ser evitada, pois ela fará o 4 se sentir mais incompreendido. A dica é usar os termos "profundidade", "intensidade". E, ao invés de dizer a ele que precisa reduzir o drama, o mais estratégico é mostrar a ele o quanto essa sua característica, se bem explorada e no momento certo, pode ser utilizada para valorizar seu trabalho/expressão artística, ou apoiar seu crescimento pessoal. Ele pode, por exemplo, ser provocado a "mergulhar" na autodisciplina de uma prática que o ajude a equilibrar as manifestações emocionais, como a yoga, a meditação, o tai chi chuan, as danças circulares. Redirecionando esse potencial é mais fácil obter uma mudança sustentável, uma vez que o 4 vai ter que lidar com essa tendência para sempre.

Organização mental

Naturalmente, auxiliar um tipo 4 a clarear as situações e organizar ideias, saindo das emoções e fortalecendo seu aspecto racional é a forma mais simples, assertiva e tradicional de apoiá-lo em seu desenvolvimento. Ele precisa, sim, que você ofereça e faça com ele listas, tabelas, mapas, planos. Tudo muito visual, com cuidado estético. Ele vai sentir um enorme alívio ao "tirar da cabeça", ter "controle visual" sobre o que se passa. Com a organização, trazendo para o tangível, esgotando e restringindo seus devaneios, ele vai poder respirar novamente e retomar o centro de sua autoconfiança. E com ela retoma o acesso à sua criatividade. Vai perceber que pode realizar aquilo que sonhou e com isso vai recuperar o poder pessoal e a satisfação de ser capaz de levar o que antes era só fantasia para a realidade.

Potencial realizador

Trabalhar um desenvolvimento equilibrado das asas 5 e 3 é muito promissor, pois fortalece a sua criatividade e intuição natural, com o espírito investigador do 5, as bases sólidas da racionalidade para tomar decisões, a busca do conhecimento e, depois, o coloca na ação, no gosto por realizar e por autoaperfeiçoar-se do 3. Quando o 4 se descobre na asa 3 é encantador, pois se torna um realizador com essência e propósito, com foco no sentido. Por isso sua ação encanta e envolve.

Acessando esse potencial o 4 se empolga. Dá vazão às ideias e se compromete com as tarefas. Porém qualquer situação que o desestabilize emocionalmente, por mais corriqueira e banal que pareça, pode reativar seu sentimento de incapacidade ou de que não vale a pena fazer o que tem que ser feito e abandona o projeto. A dica aqui é não dar tarefas complexas ou longas. Pequenas e práticas atividades para serem concluídas em poucos dias são ideais para a primeira fase do processo de Coaching. Também é importante perguntar a ele qual tarefa deseja se dar, ajudando-o a planejá-la de uma forma que se torne realizável, para que não corra o risco de frustrar-se e desistir logo no início. É importante que sinta que é capaz de iniciar e concluir aquilo a que se propôs e perceba a grande satisfação que isso lhe traz.

Sentido para o autoengajamento

Para gerar engajamento no processo é necessário despertar no 4 a paixão e confiança do centro visceral da sua flecha 1. Isso só vai acontecer se ele entrar verdadeiramente no compromisso com sua meta/objetivo, para que desenvolva a autodisciplina.

Para se comprometer com uma meta, lembre-se sempre, o 4 tem que estar conectado com o sentido, o propósito dessa conquista. Não se trata tanto de obter prêmios e reconhecimento, mas muito mais de uma sensação íntima de confirmação, de que ele realizou algo em que acredita profundamente, algo com o qual ele fez a diferença.

Por isso uma boa primeira sessão, com perguntas que permitam clarear as motivações primárias e as secundárias para o processo e o que ele realmente busca com o Coaching serão fundamentais. O desafio é perceber se o foco está ajustado no que ele realmente deseja realizar ou se apenas está dando voltas em torno do alvo. É essencial sair da primeira camada de motivação, até chegar ao ponto mais profundo do sentido da conquista que procura alcançar.

Perguntas de empoderamento

Para que o processo de Coaching dê resultados para além de atingir uma meta objetiva e o auxilie de forma mais integral, é necessário, ainda, tirá-lo do posto de autocompaixão. Este lugar é dolorido, mas ao mesmo tempo confortável para ele. E sendo confortável imobiliza e abafa seu potencial. Com perguntas certeiras, ele pode voltar para a realidade e perceber que é o protagonista (muda para uma posição em que também gosta de estar). Exemplo: "Qual sua responsabilidade nessa situação?" "O que você pode fazer agora, com os recursos que tem à mão, para mudar positivamente essa questão?" "Como você pode assumir o protagonismo dessa história?"

Foco na essência

Se for constantemente lembrado e incentivado pelo *coach* a acreditar que sua essência é absolutamente positiva, ele começa a desconstruir a ideia de que, lá no fundo, não tem valor e identidade. Ao entender que a **Harmonia,** a **Beleza** e a **Originalidade,** que ele é capaz de criar através dessa essência, são contribuições imprescindíveis e únicas para o mundo, ele ganha a força que havia perdido e começa a retomar sua confiança.

Pois quanto menos valor enxerga em si mesmo, mais ele tem a tendência de focar excessivamente em suas próprias necessidades. Ao mesmo tempo, tenta se convencer de que está acima dos outros, por ser mais original, mais especial, mais "sofrido". Essa é uma característica que precisa ser trabalhada, pois o 4 só encontra a **Equanimidade,** que é sua essência divina, quando consegue sair de si mesmo e fazer pelo outro, acessando o potencial positivo da flecha 2 e dando um sentido maior à sua existência. Nesse caminho de abrir sua percepção para a contribuição que pode dar ao mundo, o 4 começa a se libertar da sua postura "individualista".

Uma forma de auxiliar o 4 a sair do mundo interno e do individualismo é incentivá-lo a se conectar com a natureza. Desenvolver o olhar contemplativo, a proximidade com a terra e o hábito de observar o infinito levam o 4 para um lugar familiar, uma sensação de retorno ao lar e ao mesmo tempo o situam em uma proporção real dentro do plano físico. E assim seus dramas e problemas também diminuem de tamanho.

Outro exercício importante é estimular o 4 a conhecer os dramas alheios. Ter acesso a situações reais de grandes dificuldades, seja pessoalmente, em livros ou filmes, onde esteja apenas como observador, é um exercício de crescimento para o 4, pois ele também adquire uma visão mais ampla das dificuldades e sofrimentos humanos e se coloca em conexão com o outro, desenvolvendo um aspecto positivo da flecha 2, o amor altruísta.

Assim, o 4 pode encontrar o **sentido** que tanto busca e descobrir que o amor ideal, que acredita estar fora de si, na verdade está dentro dele mesmo. E ele se manifesta ao entregar-se pelo bem do outro.

Ao encontrar essa conexão o 4 vai para a próxima flecha, retomando a alegria profunda do 7. Torna-se extrovertido e passa a não levar tão a sério os seus sentimentos. Valorizando mais os seus relacionamentos em equilíbrio com a inteligência teórico-racional. O *coach* também pode auxiliá-lo a entrar em contato com a leveza do 7, orientando-o, por exemplo a, uma vez por semana, apenas "ser comum", normal, como "todo mundo" e desafiá-lo a não se colocar em posição de julgamento sobre profundidade/banalidade, apenas relaxar e divertir-se um pouco.

A beleza na disciplina

Ajudar a pessoa a entrar em uma zona de leveza e bem-estar é um importante foco do processo de Coaching para o perfil 4. Outra forma de obter esse resultado é pelo caminho mais desafiador para o perfil: a disciplina. Acessando positivamente a flecha 1 ele se organiza e aceita a ideia de "simplesmente fazer o que deve ser feito". É claro que, na prática, não é fácil para o 4 entrar nessa lógica. A questão que dificulta esse processo é o desprezo que esse perfil tem pela "obrigação", pelo "monótono" e pelo "comum". Porque para ele, no fundo, isso representa duas coisas: prisão e mediocridade.

O desafio aqui é mostrar a ele que a ordem e a disciplina fazem parte da expressão mais elevada da sua essência: a Beleza. Pois a harmonia é a essência da beleza e a ordem é um caminho que leva a essa harmonia. Exercícios simples de organizar a mesa de trabalho ou o armário farão com que perceba a sensação de leveza e prazer com a "beleza" obtida. O momento ideal para aplicar este exercício é quando o 4 estiver em uma crise emocional. Ele irá imediatamente ativar o lado direito do cérebro (racional) e retomará o equilíbrio para perceber a situação causadora da crise dentro de sua real dimensão. Pedir que ele registre como se sente e enxerga a situação antes e após o exercício será muito importante para ativar sua percepção.

Ficar no presente

O tipo 4 precisa aprender a se trazer para o presente. É muito importante dar a ele exercícios com os quais possa ativar o "observador", voltando para o aqui, agora. Mas atenção, ele não pode confundir o observador com o crítico interno, que é um inimigo do 4. É fundamental orientá-lo a observar-se sem julgamento, apenas se perguntando: "O que você tem hoje?" "O que é real?" "O que posso fazer agora com aquilo que tenho à disposição hoje?" são perguntas que trazem clareza e levam à ação.

Outras dicas

Diário do processo - O tipo 4 precisa registrar as suas descobertas, aprendizados e percepções de cada etapa, pois ele tende a se perder em divagações, inclusive sobre o próprio processo de Coaching.

Presença do *coach* - O 4 tem uma grande facilidade em desfocar-se e até esquecer suas tarefas. Por isso, mantenha uma frequência disciplinada nos contatos, relembrando, reforçando sua presença e apoio e demonstrando seu interesse na evolução do processo.

Cartas na manga - É possível que ele chegue com uma questão/detalhe em mente e se não puder elaborar essa questão não vai focar no resto do trabalho. Perceba se há algo para ser trazido e peça que ele defina o foco que deseja dar na sessão nesse dia. Será mais produtivo.

Clarear a inveja - Mostre a ele o real mecanismo da inveja, que é o olhar para dentro, diminuir-se e comparar-se com o que está fora simultaneamente. Ajude-o a entender que não é mau, e sim que está preso na autoexigência excessiva.

Adotar sistema - Mostre que pode equilibrar o dom da intuição e exercitar a espiritualidade com um sistema prático, adotando, por exemplo, uma técnica de meditação específica, na qual se aprofunde de forma disciplinada, com regularidade.

Despertar altruísmo - Estimule-o a buscar uma causa em que possa expandir e dedicar seus dons da intuição e criatividade ao criar beleza e harmonia para o bem coletivo.

Ritos de acesso - Sugira que construa determinados ritos de acesso ao estado de concentração, para que economize a energia que perde na dispersão. Ao adotar o do rito, vai ensinar sua mente a entender com sinais externos que é hora de se concentrar.

Disciplina sem monotonia - Mostre a ele que manter a disciplina não precisa ser monótono. Exemplo: caminhar todos os dias, mas variando o percurso e, ao final da caminhada, anotar no diário o que lhe chamou atenção.

Uma experiência real

Em minha experiência nos atendimentos dos perfis 4, inicialmente tive que lidar com a minha própria frustração de tentar dar um rumo que eu havia pré-definido para as sessões e não conseguir. Com um dos clientes, passei algumas sessões tentando focar nos objetivos definidos para o processo, mas ele sempre chegava com o olhar enevoado, meio perdido e parecia se colocar em posição de quem tinha algo muito mais importante e difícil para resolver. Até que, na terceira sessão, decidi entrar no fluxo, abandonar o plano e puxar o que tivesse que vir, para que aquilo fizesse sentido para ele. Foi então que a questão do relacionamento veio à tona. A insatisfação e a dificuldade de tomar uma decisão. Uma complexidade gigantesca de sentimentos, emoções, crenças e medos se apresentou na mesa do Coaching (mesmo sendo esse cliente acompanhado por psicólogo há muito anos). E era sobre isso que ele queria tratar, sessão após sessão. Passei a utilizar as ferramentas do Coaching tradicional para explorar motivações, crenças, valores, forças, fraquezas e fazer análise de cenário. Junto com isso, utilizamos seu potencial para as artes, que estava abandonado, para que elaborasse e expressasse suas necessidades de se libertar e saísse do papel de vítima para protagonista no processo. Em uma determinada sessão, o relacionamento com os pais surgiu como a origem de uma crença limitante e me surpreendi com a intensidade que esse processo o levou a vivenciar, gerando muita emoção e lágrimas. A sessão se encerrou e fiquei muito preocupada com seu bem-estar. No dia seguinte procurei saber como havia passado, imaginando que poderia estar mergulhado ainda na dor e recebi uma resposta mais ou menos assim: "Estou fantástico, há muito tempo não sentia uma leveza tão grande, muito obrigado pelo que você fez por mim, foi incrível!"

Esse cliente continuou no processo por vários meses, desabrochando no seu tempo e aceitando, passo a passo, as ferramentas que possibilitaram a ele analisar com objetividade a sua vida e a questão em si. Com o processo, tirou o foco do que faltava e na responsabilidade do outro e voltou-se para a honestidade com sua vida, saindo da fantasia. O problema no relacionamento passou a ter outra proporção. E a realização do seu propósito ganhou mais espaço. Ele me ensinou que com o perfil 4 não há, de fato, fórmulas prontas e, se você souber se abrir para sua própria intuição e deixar o trabalho fluir, poderá ver lentamente um florescimento acontecer, de dentro para fora, começando talvez por um suspiro de alívio, passando por uma clareza de pensamentos, seguindo por um grande prazer de realização até chegar a uma expressão radiante de alegria.

5

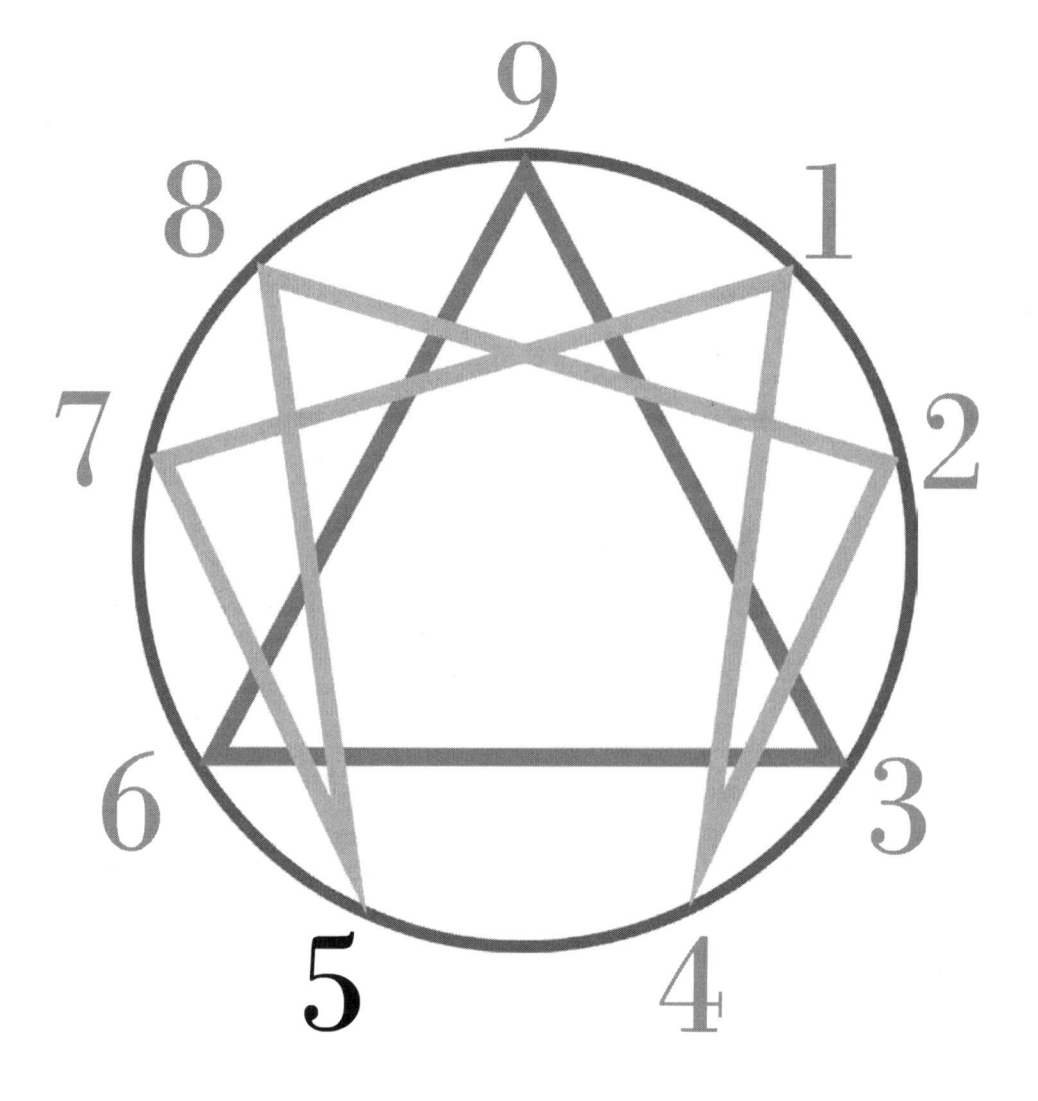

TIPO 5   O ANALÍTICO
por Viviane Romanos Martins

O tipo 5 pertence à tríade mental do Eneagrama, sua paixão é a Avareza, sua fixação é a Economia. No outro lado do espectro está sua essência, a Abundância e a Entrega. O conceito de abundância para o tipo 5 é uma certeza absoluta de que tudo que existe não possui finitude e por isso não precisa ser guardado ou protegido. No mesmo lado da essência também está a Entrega, uma abertura mental e emocional de receber e não reter informações e energias, se tornando apenas um canal de distribuição de conhecimento, amor, sentimentos, e tudo mais.

Ao se esvaziar de tudo aquilo que guarda, há no tipo 5 um total relaxamento e um contato direto com o SER e não com o conhecer. É um movimento de abertura do coração. Para o 5 em personalidade é muito difícil entender que quanto mais se dá mais se recebe, lógica inerente do 5 em essência.

Perdendo contato com a essência, o 5 entra no seu estado de personalidade, ligado a Avareza e Economia. Com o medo de sofrer começa a desenvolver as estratégias de defesa como o controle excessivo da própria vida. É um fechamento preventivo do coração baseado no medo. Assim, o 5 entra no modo de Economia de energia, diminuindo tanto aquilo que recebe quanto a própria entrega, criando uma simplificação da vida, vivendo menos e sempre na lógica do pouco, da escassez, da Avareza. Contenta-se com pouco, abrindo mão até da própria felicidade.

Ele tende a se sentir sobrecarregado pela sensação de que o mundo e as pessoas vão demandar muito dele, mais do que ele será capaz de entregar. Para se proteger dessa demanda ele entra em isolamento emocional. O 5 é conhecido como o observador, ele fica mais confortável dentro de sua mente do que agindo no mundo. No seu melhor estado, se torna visionário, inventivo, tem um profundo entendimento da realidade, e encontra maneiras completamente inovadoras de perceber o mundo.

Quais as principais demandas dos clientes desse eneatipo?

O 5 quer entender a realidade no nível mais profundo. Muitos pensam que as características do 5 se desdobram em conhecimento acadêmico quando na verdade esse acúmulo de conhecimento pode ser canalizado para inúmeros interesses diferentes e não necessariamente o estudo formal. Em processos de Coaching, os clientes tipo 5 costumam apresentar demandas ligadas ao excesso de racionalização e à falta de ação. Ele tende a pensar muito e agir pouco, está sempre em busca de mais informação antes de tomar uma decisão ou de partir para a ação. Na cabeça dele, essa busca é entendida como a experiência em si, ele vive através de suas observações sobre a vida.

O 5 pode oscilar entre a arrogância de achar que é o mais inteligente quando está no mundo das ideias e a falta de autoconfiança ao lidar com o mundo real. Ele se sente seguro enquanto está no seu castelo interior, sem interferência externa. Já quando precisa entrar em ação vem o medo dos ataques do mundo externo. Muitas vezes ele evita se expor e agir por medo de ser incompetente. Por isso às vezes a falta de ação e interação podem estar enraizadas na falta de autoconfiança. É comum ele não confiar que sabe o suficiente sobre certo assunto antes de tomar uma decisão, tirar um projeto do papel ou até expor sua opinião.

Como o 5 tende a fugir do centro das atenções, ele tende também a não divulgar muito bem seu próprio trabalho, ou seja, raramente se autopromove. Também não costuma apresentar o talento natural de ser um vendedor, pois as atividades do processo de venda, de oferecer o produto, fazer ligações para clientes e cobrar pelo seu produto ou serviço são extremamente difíceis para o 5, afinal, como ele pode oferecer algo se ele mesmo não gastaria seu dinheiro com aquilo? É comum os tipo 5 venderem bem o produto e o serviço de um terceiro, mas terem dificuldade de vender o seu próprio produto ou serviço. Dentro de organizações ele pode estacionar em posições inferiores a sua capacidade por acreditar que não está pronto para uma promoção. Por isso acaba por assistir a pessoas menos capacitadas serem promovidas e isso pode ser um estímulo para que ele procure a ajuda de um *coach*.

Outro tema comum é a dificuldade de se relacionar com as pessoas. Muitos tipo 5 no nível médio de consciência tendem a evitar o convívio social para manter sua necessidade de privacidade e economizar sua energia. Em eventos, por exemplo, o 5 pode se sentir mais confortável ficando no canto, muito mais observando do que realmente participando. Sua fixação em fazer contas o leva a racionar o tempo de cada encontro social ou reunião. Nas organizações, por exemplo, é comum um cliente do tipo 5 relatar problemas como a necessidade de se socializar mais, de mostrar mais seu trabalho e de se envolver mais nas reuniões.

O 5 pode ter dificuldades também ao tentar fazer novas amizades, porque talvez ele nem perceba, mas sua crença de que as pessoas vão demandar demais dele, principalmente no nível emocional, é um fator que afeta muito. Ele teme ter de dar atenção ou ter de seguir a agenda do outro. Ele prefere, por exemplo, ir sozinho ao *shopping* porque assim ele controla quais lojas ele vai visitar e quanto tempo ele vai passar em cada uma, sem ter de esperar o amigo ou perder tempo em algum lugar a que ele não queira ir.

O tipo 5 tende a ter um estilo de comunicação de poucas palavras, sendo objetivo e direto demais. Normalmente ele escuta mais do que fala. Mesmo aqueles que se comunicam mais quando o assunto se refere a troca de ideias e informações ainda apresentam dificuldade quando a conversa engloba sentimentos e emoções. Isso costuma ser interpretado como frieza, falta de interesse ou até arrogância, principalmente por outros tipos do eneagrama que são mais emocionais e esperam do 5 uma demonstração de seus sentimentos. O 5 costuma vivenciar as emoções em privado, dificilmente ele entra em contato com seus sentimentos na presença de outras pessoas. Isso pode trazer uma série de dificuldades, seja um líder de uma organização que não está disponível para seus liderados ou um pai que não demonstra seus sentimentos para os filhos. Sendo assim, um tema comum de desenvolvimento do tipo 5 é se conectar mais com as pessoas, demonstrar mais seus sentimentos, estar mais aberto, mais caloroso e mais disponível, não somente no nível intelectual, mas no emocional também.

Normalmente os 5 são mais reservados ou mesmo tímidos, alguns costumam ter um pouco mais de facilidade nesse quesito e outros se sentem mais confortáveis no contato um a um. No entanto, falar em público pode ser um desafio que gera ansiedade nos 5. Isso normalmente acontece porque, além de exigir energia e interação com os outros, pode despertar a insegurança pelo medo de não saber o suficiente para estar na posição de destaque. Alguns tipo 5 também relatam que se sentem em dívida com aqueles que lhe deram atenção. Como para ele qualquer minuto de seu tempo é extremamente valioso, ele projeta isso no seu interlocutor. Na sua lógica, ele tem de apresentar algo extremamente valioso para fazer valer o tempo de quem o assiste.

Na avareza de dosar seus recursos, normalmente o 5 prefere ser independente, fazer sua tarefas sozinho no seu próprio tempo, podendo ter dificuldade em delegar ou dividir tarefas. Quando trabalha em equipe a estratégia do 5 tende a ser abraçar parte do projeto que ele possa desenvolver sozinho, por isso trabalhar em conjunto realmente colaborando com outras pessoas é bastante desafiador. Como líder, o 5 tende a delegar apenas quando ele confia na competência do liderado.

Uma vez que os clientes 5 vivem mais no mundo racional, eles também podem trazer temas relacionados a aproveitar mais os prazeres da vida, se divertir mais. É possível que ele perceba que pode se aprofundar mais nos conhecimentos através de experiências e não apenas da observação e estudo. Na visão do 5, viver mais intensamente demanda muita energia e é difícil para a mente inferior do 5 entender que se ele gastar ele fica com mais.

Quais os principais desafios ao conduzir um processo de Coaching com esse eneatipo?

No processo de Coaching, o *coachee* tipo 5 vai inconscientemente buscar saber o quanto o *coach* conhece sobre aquilo que está se propondo a fazer. Portanto, o *coach* precisa mostrar conhecimento e firmeza para ganhar sua confiança.

O *coach* deve dar tempo para o *coachee* 5 processar as informações e não cobrar posições imediatas. Ao mesmo tempo é preciso estar atento para que o 5 não acabe se isolando para controlar o processo ele mesmo, fazendo o trabalho sozinho em privado e não se abrindo com o *coach*. O tipo 5 tem dificuldade de entrar em contato com suas emoções e de revelar conteúdo pessoal. O isolamento emocional é o seu principal mecanismo de defesa. Dificilmente ele irá abrir todas as informações logo de início. Sendo assim, o *coach* precisa deixá-lo à vontade, inspirando confiança e garantindo que o conteúdo discutido nas sessões será sempre confidencial.

O *coachee* tipo 5 muitas vezes vai querer fazer tarefas como pensar no assunto, pesquisar, planejar. O *coach* tem o desafio de levar o tipo 5 a acessar a energia do corpo para que ele consiga tomar decisões e agir mais instintivamente. Se depender do 5, o processo todo é realizado dentro da cabeça.

O 5 pode se contentar com metas pequenas, não aproveitando todo seu potencial. Sua tendência é se contrair e preferir diminuir o que ele recebe para não se frustrar caso isso acabe. Quanto menos ele desejar, menos ele terá de ir atrás e gastar energia com isso. Aqui, o *coach* precisa ajudá-lo a investigar a fundo a meta e verificar se o que está sendo colocado realmente pode causar um efeito em longo prazo. É importante o *coach* ajudar o 5 a perceber que ele pode se permitir almejar e alcançar algo mais grandioso. O 5 se motiva se ele compreender, vir sentido e significado no que ele vai fazer.

Quais as principais armadilhas desse eneatipo, para sabotar o processo?

O tipo 5 pode ficar preso no mental, pensando sobre o problema e não entrar efetivamente em ação. Ele tende a manter a conversa no plano das ideias e pode não se comprometer com as ações práticas do processo de Coaching. Ele pode se apresentar indiferente a alcançar ou não a meta e até desistir ao pensar, mesmo que inconscientemente, na quantidade de esforço que precisará fazer. Para manter sua zona de conforto, pode ser que ele evite carregar a meta com alguma emoção. O *coach* precisa associá-lo fortemente à meta para que ele possa checar se vale a pena colocar sua energia nas ações necessárias para atingi-la. É preciso estar bem claro que o custo-benefício valerá a pena.

Durante o processo, o tipo 5 pode se incomodar com as perguntas do *coach* e achar que sua privacidade está sendo invadida, ou pode não se abrir ou evitar conteúdo emocional. O mundo das emoções pode ser algo diferente para o tipo 5. Caso o processo o faça senti-las um pouco mais, ele tende a aumentar os mecanismos de defesa, como racionalização exagerada. A arrogância intelectual também pode ser uma armadilha, ele pode se colocar numa posição de superioridade e julgar o *coach*.

Outras armadilhas podem ser não pedir ajuda ao *coach* e querer ser independente. Para o 5, pedir ou aceitar ajuda pode significar também que a conexão com quem o ajudou se fortaleceu, isso é uma das coisas que ele mais evita. O *coach* pode mostrar que muitas pessoas sentem um enorme prazer em ajudar os outros e fazem isso sem esperar algo em troca. O 5 se beneficia também ao ver que a relação com as outras pessoas enriquece a vida e seus recursos emocionais para lidar com as necessidades dos outros são infinitos.

Sugestões de tarefas para o desenvolvimento desse eneatipo

Quando falamos de desenvolvimento dentro do Eneagrama é imprescindível observarmos o caminho das flechas de cada tipo. O 5, que é um dos tipos mais fechados, está ligado ao 7 e ao 8, que são dois dos tipos mais expansivos do Eneagrama. Seu caminho de desenvolvimento envolve acessar a energia do tipo 8, conectando-se mais às sensações do corpo, tornando-se mais ativo, interagindo mais com as pessoas, entrando inclusive em conflitos positivos e se energizando com eles. É através dessa energia instintiva que o tipo 5 experimenta também o mundo concreto e não somente o mental.

Para ir para a flecha 8, o 5 precisa entrar em contato com o corpo e com a terra. Atividades físicas, principalmente esportes coletivos, jiu-jitsu e dança são ótimos para distribuir para o resto do corpo a energia que normalmente fica acumulada na cabeça. Atividades ao redor da natureza, andar descalço na grama, tocar a terra também são favoráveis. Aterramento e centramento ajudam a aliviar o excesso de atividade mental. Tudo isso colabora para encher o tipo 5 de energia e o impulsiona a agir.

Uma tarefa para o 5 é observar o quanto ele acumula informações. É importante o tipo 5 partir para a ação mesmo achando que não tem informações suficientes, até porque isso pode nunca acontecer. Em termos práticos, ele deve selecionar o conhecimento, ou seja, estudar aquilo que vai realmente ser útil em alguma esfera da sua vida no momento. Ao *coach* cabe incentivá-lo a ir aprendendo conforme as experiências e a perceber que quanto mais ele realiza mais ele aprende.

É importante o 5, durante conversas mais acaloradas com os amigos ou reuniões de trabalho, colocar mais suas observações e opiniões, participar mais ativamente. Perceber que existem conflitos que produzem resultados positivos.

Ao movimentar-se em direção ao tipo 7, o 5 se torna mais espontâneo, divertido e alegre. Ele passa a buscar mais o prazer, se aventurar e experimentar mais a vida. Desprende-se da necessidade de querer saber antecipadamente o que vai acontecer, aceita que a vida é imprevisível. Ele aprende a confiar que ele saberá como agir mesmo sem ter se preparado antes. Atividades que incentivam a espontaneidade como o teatro de improviso ajudam nesse sentido.

O tipo 5 deve frequentemente perguntar a si mesmo "O que estou sentindo agora?", principalmente nos momentos em que estiver mais absorvido na busca de informações e conhecimento. Essa busca pode estar mascarando algum sentimento. O *coach* deve ajudá-lo a explorar suas crenças limitantes em relação a acessar os sentimentos. Um grande passo para o 5 é sair do medo de sentir e entrar na abundância emocional. Quando aprende a entrar em contato com seus sentimentos no momento em que ocorrem e se envolve mais nas experiências ao invés de observar de longe, o 5 se torna mais alegre, espontâneo, expressivo, interativo, criativo e cheio de vida. Ele não se vê mais como uma parte separada do universo e sim como uma parte integrada a ele.

O *coach* pode ajudar o 5 a observar o quanto ele economiza recursos e controla o tempo e consequentemente sua própria vida. O próximo passo aqui é tanto permitir-se mais fazer aquilo que gosta e quer como também passar a aproveitar mais os acontecimentos espontâneos.

Existem várias formas de sair da posição de observador e aproximar-se mais das pessoas. Em ocasiões sociais é interessante se colocar no meio da roda de conversa e participar ao invés de ficar de fora do círculo. Perceber que a conversa não se resume a troca de informações, mas também é uma forma de as pessoas se conectarem. Levantar a cabeça, olhar as pessoas nos olhos e sorrir vai demonstrar abertura para elas se aproximarem. Tomar a iniciativa de iniciar uma conversa, contar algo pessoal e interessar-se por aquilo que o outro conta. Encontrar o pessoal do trabalho em situações sociais, conversar sobre assuntos pessoais e perceber que há um aprendizado enorme e que a vida nos oferece mais quando também nos abrimos mais. Juntar as turmas, convidando amigos, família e o pessoal do trabalho para o mesmo evento pode ser um grande aprendizado.

Dividir o conhecimento, entregar-se mais e doar seus próprios recursos são desafios que trazem muitos benefícios para o tipo 5.

Exemplo real de atendimento

Um consultor de empresas autônomo me procurou para um processo de Coaching porque queria mudar de carreira. Iniciamos com uma roda da vida onde houve constatações que o deixaram bastante surpreso. Isso porque é comum o tipo 5 chegar à sessão com a ideia pronta de como tudo irá acontecer, tentando prever todos os fatos, mas ele acaba percebendo que há muito mais do que imagina. É comum, em processos com os 5, eles ficarem presos em suas ideias preconcebidas e incomodados em aceitar outra visão. Pode ser difícil para eles aceitarem que a solução que encontraram sozinhos não é a melhor. Mas no caso desse *coachee* ele demonstrou bastante abertura. Durante alguns exercícios ele percebeu que sua insatisfação maior não era exatamente com o trabalho em si, mas com a parte financeira de sua vida. Na verdade ele gostava muito daquilo que fazia, mas ainda assim queria mudar porque não via possibilidades de ganhos maiores trabalhando por conta própria. Além da satisfação de trabalhar com o que gosta, ser autônomo trazia enormes vantagens. Ele percebeu como pontos positivos de sua vida a liberdade de controlar sua própria agenda, não ter que seguir o horário determinado por uma empresa, trabalhar na sua própria casa, possibilidade de escolher quais trabalhos ele aceitaria, não precisar trabalhar em equipe, não ter que se reportar a um chefe nem ter que liderar pessoas ou delegar tarefas e não ter grandes vínculos com pessoas ou empresas. No entanto seus ganhos financeiros se estagnaram e ele não se sentia seguro.

Sua meta inicial era descobrir qual carreira seguir para ganhar mais dinheiro. Ele avaliou inúmeras possibilidades e logo percebeu que trabalhar com carteira assinada não traria a mesma quantidade de benefícios que havíamos diagnosticado anteriormente. Ele se viu em dúvida entre ganhar dinheiro ou fazer o que gosta. Como de costume no Coaching, trocamos o "ou" pelo "e", passamos então a explorar as possibilidades de como ele poderia ganhar mais "e" continuar a fazer o que gosta ao mesmo tempo.

Um desafio bastante comum dos 5 é saber vender melhor seu trabalho e valorizar mais seus serviços. Esse foi um dos caminhos de desenvolvimento desse *coachee* no processo. Ele percebeu sua dificuldade para se autopromover e que seus preços estavam abaixo do mercado, coisas que ele jamais havia observado. Para se desenvolver nesse quesito, o *coachee* se propunha tarefas que às vezes ele não conseguia fazer, como por exemplo oferecer seu serviço a um potencial cliente. Ele simplesmente travava. Na mente dos 5, essas tarefas não parecem desafiadoras, mas na hora de agir eles enfrentam uma resistência interna. Para justificar, ele criou uma desculpa dizendo que tal tarefa não era tão importante e que não teve tempo. Em um trabalho profundo de crenças descobrimos que sua trava estava atrelada à insegurança em relação a sua *performance*; ele acreditava que não era bom o bastante. Ele não conseguia divulgar e cobrar o preço de mercado por um serviço que ele mesmo não acreditava ser merecedor. Nesse momento, houve a necessidade de resgatarmos a autoconfiança presente dentro dele, que ele já havia sentido em outros momentos da vida. Além disso fizemos uma checagem da realidade, relembrando os vários trabalhos de sucesso que ele já havia realizado. Trabalhamos sua crença limitante de que ele não era bom o bastante até o ponto em que ele passou a não acreditar mais nisso. A partir daí suas tarefas começaram a fluir. Mesmo se sentindo um pouco desconfortável, ele estava cada vez mais satisfeito com suas conquistas.

Durante as últimas sessões, o *coachee* estava cheio de energia. Sentia-se animado e otimista em relação ao futuro porque, segundo ele, havíamos encontrado um ponto-chave. Ele nunca havia notado sua falta de autoconfiança e apesar de ter sido bastante difícil admitir isso no início, ele estava feliz porque via muitas possibilidades se abrindo em seu caminho.

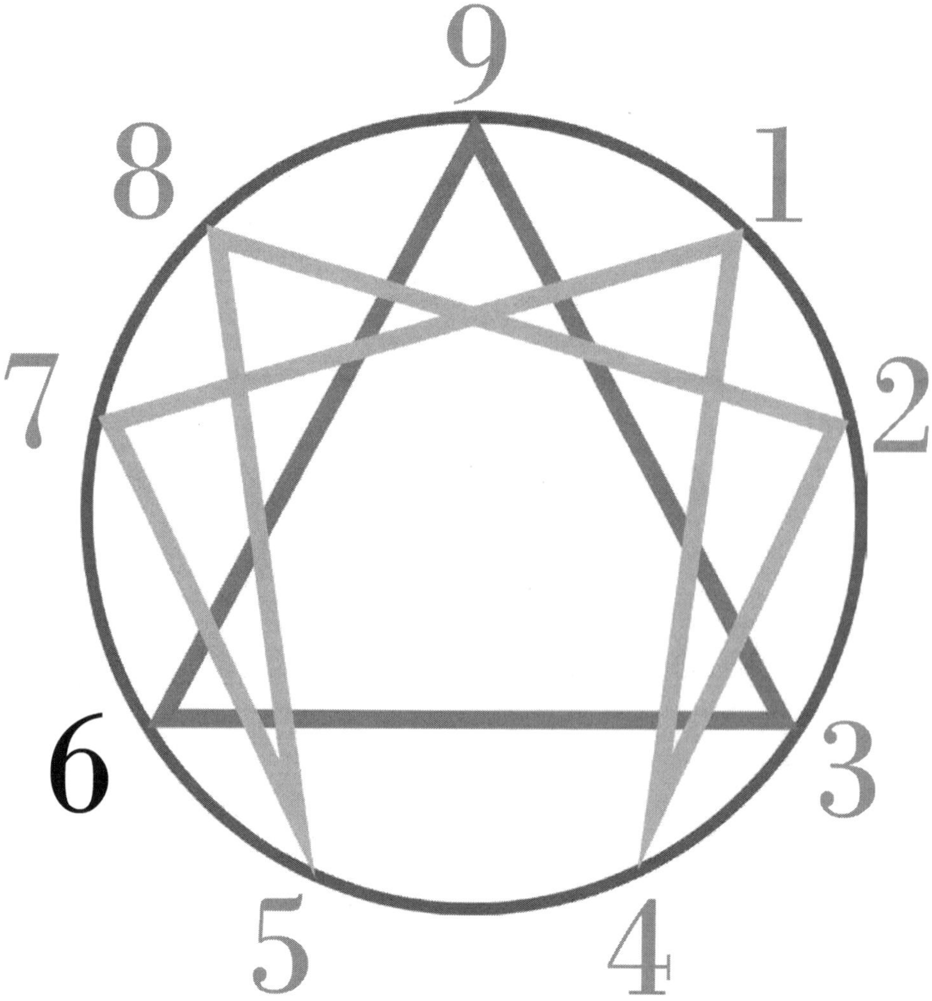
9
8
1
7
2
6
3
5
4

TIPO 6

O PRECAVIDO

por Claudia Cruz

Todos nós, seres humanos, durante nosso processo de desenvolvimento, **nos afastamos de nossa essência e desenvolvemos uma personalidade,** com a qual nos identificamos cada vez mais. Essa identidade vai se cristalizando na medida em que ficamos adultos e nos leva a perder o equilíbrio e incorrer em distorções de pensamentos, de sentimentos e de comportamentos.

Nas pessoas com **eneatipo 6**, o **estado essencial** é de Fé. Uma certeza tranquilizadora de que nossa essência é nossa verdadeira natureza e de que algo maior nos rege e nos protege, sem a necessidade de provas externas. Quando o 6 passa a se identificar com a personalidade, se mostra **a sua questão central que é o Medo**, fruto da falta de confiança e da necessidade de se precaver.

O seu **medo fundamental** é o de **não contar com apoio ou orientação** e, a partir daí, surge, para compensar, o **desejo fundamental** de encontrar **apoio e segurança**. Adotam como **crença básica** que **o mundo é um lugar ameaçador, perigoso e indigno de confiança**. Essa **ideia fixa de que algo ruim vai acontecer** define a sua estratégia de sobrevivência e coloca a atenção focada nos perigos imaginários e em como lidar com os mesmos.

Com tudo isso processam uma quantidade enorme de informações para **reagir ao medo** que se dá de duas formas. Chamamos de **Fóbica** a reação de fuga – de esconderem-se ou entregarem-se quando se sentem encurralados, nela manifestam seu medo abertamente. Chamamos de **Contrafóbica** a reação de luta – de irem de encontro ao que amedronta, de desafiar o próprio medo agressivamente, nela se esforçam para mascarar o medo, procurando situações de desafio que provem sua força e autoconfiança.

Principais demandas

A busca pelo equilíbrio emocional. Constato que com todas essas dinâmicas citadas, atuando nas formas do 6 de pensar, sentir e agir, este é um dos seus principais focos de Coaching. Perceber a ausência desse equilíbrio e do seu impacto na sua vida, nos seus relacionamentos e nas suas realizações, muitas vezes é o que vai mobilizá-lo a buscar uma mudança, uma transformação.

Diminuição do nível de ansiedade. A pré-ocupação constante e a atividade mental intensa geram um nível de ansiedade não saudável que, uma vez percebidos pelo cliente, o levam a buscar o Coaching. Relatos como este demonstram como se sentem: *"Me sinto sugada por esta empresa. Tenho medo de perder o fulano e ficar só. Não tenho mais energia para mim"*.

Vencer a paralisia de análise. A cautela excessiva pode impedir uma ação desejada e até torná-la impossível. Pergunta a si e aos outros: *"E se isto acontecer? E se isto não funcionar?"* Questionando tudo e todos, se vê então paralisado e mais propenso a reagir do que a agir. Relatam: *"Penso, penso e não consigo fazer!"* A dúvida também pode convencê-lo de que o pretendido não pode ser feito, e assim justifica para si mesmo: *"Já que não daria certo de qualquer jeito, por que tentar?"*

Diminuição da procrastinação. Como uma variação dessa relutância de seguir em direção ao futuro, vencer o adiamento da ação também é um foco deles. Essa mentalidade focada no *"Isso não vai dar certo"* os leva a não fazer nada ou a se preparar de forma excessiva.

Ter mais confiança em si mesmo. Um problema crucial do 6 é uma falha na autoconfiança. É como se estivesse à espera de um próximo trauma, se sentindo completamente despreparado e desprovido dos recursos interiores necessários para enfrentar os desafios que a vida apresentará. É comum ouvir dos 6: *"Quero ter mais segurança em mim"*.

Desconfiança generalizada e dificuldade em lidar com seus relacionamentos. Quando está intranquilo busca no mundo exterior indícios que expliquem a incerteza do seu mundo interior, dando significado para o que está fora, de forma a confirmar a história que criou a partir do seu medo. Projeta sentimentos, pensamentos e comportamentos nos outros, imaginando que o que é verdadeiro e legítimo para si também é para os outros. A desconfiança também o leva a testar o tempo todos os argumentos alheios.

Lidar com mudanças e tomadas de decisão. Contextos de incerteza ou indícios de que algo vai mudar podem acionar ainda mais a sua insegurança e exigência por confirmações e certezas. Numa busca por decifrar a intenção oculta das pessoas e dos fatos, faz perguntas, na maioria das vezes para si mesmo, tais como: *"O que ele realmente pensa ou quer dizer? Por que ele quer saber isso?"*

Lidar com o sucesso. Apresenta uma ambiguidade em relação ao sucesso: o deseja e o teme, por acreditar que o mesmo o tornará vulnerável e poderá expô-lo a forças hostis. Para o 6, ir em direção ao sucesso é como andar em direção a uma armadilha. Dessa forma, tem uma tendência a não reconhecer seu sucesso pessoal, diminuindo, inclusive, o valor de um grande êxito seu. Relata: *"O sucesso me assusta"*. Ou ainda: *"E se o aumento vier? O que vem com ele?"* Por outro lado, quando não experimenta o sucesso, se ressente e se considera desprestigiado.

Lidar com o poder e a autoridade dos outros. O 6 em sua tenra idade interpretou que o ambiente era instável e se ressentiu da falta de apoio por parte dos pais. Ficou então fixado na ansiedade de sobreviver e se viu incapaz de atender suas próprias necessidades. Para compensar, busca a proteção em figuras paternas, fortes, confiáveis e dotadas de autoridade, em relacionamentos amorosos e em instituições seguras. Superestima o poder dos outros e duvida do seu. Deseja aprovação e intimidade, mas acredita que precisa se defender, por medo do abandono e da dependência. Qualquer autoridade é vista como uma figura de um pai controlador e severo ou desinteressado e não disposto a ajudar.

Assumir sua própria autoridade. Apesar de querer crescer profissionalmente, a imagem que tem de autoridade o leva a ver essa ascensão como algo negativo, arrogante ou ganancioso. Nesses casos pode reagir à crença *"Ninguém gosta de autoridades"* e ao medo de que não vão gostar dele. Pode ainda buscar uma postura não adequada a uma nova posição para manter a aceitação do grupo e provar que não mudou, que é como eles.

Principais desafios ao conduzir processos de Coaching

Uma vez que para o 6 é mais natural desconfiar que confiar (tanto nele quanto no outro), os primeiros contatos com o *coach* vão ser cruciais para definir um **nível de confiança** favorável ao desenrolar do processo. Uma escuta atenta, sem julgamento e empática, é imprescindível para oferecer o suporte necessário e o senso de pertencimento que traz segurança. Se admirar o *coach* mostrará sua lealdade em todo o processo.

A ansiedade do 6 pode se mostrar desde a contratação do processo e acompanhá-lo nas sessões e tarefas. Anseia em receber *feedback* para ter mais segurança e se ocupa em pensar se está se preocupando demais ou de menos ou com as coisas certas. O *coach* pode contribuir acolhendo suas preocupações, fazendo comentários tranquilizadores que favoreçam o relaxamento e a autoestima. Um processo desafiador demais pode afastar o *coachee*, levando-o até a finalizar o processo.

A **determinação do foco do Coaching** é uma questão a ser explorada com maior cuidado no caso de *coachee* 6. Isso ocorre porque considera uma variedade de objetivos e cenários e já traz para o encontro a sua série de conjecturas, bem como dúvidas sobre qual desses objetivos é o mais importante. Para ele é crucial que o foco seja algo conectado ao que realmente importa e considerado a chave para o alcance do seu objetivo.

Outra questão a observar é **a tendência de projeção do** *coachee* **6**, direcionada para o *coach* ou para o processo. O importante aqui é o *coach* estar consciente de que isto pode acontecer a qualquer momento e, principalmente no caso das projeções negativas, atuar de forma franca para clarificá-las com o *coachee* o quanto antes. Evita-se assim comprometimento do processo parcial ou totalmente.

O ceticismo e a dúvida generalizada podem levá-lo a excesso de questionamentos e a não confiar no processo, na tarefa ou até no *coach*. Cabe ao *coach* apontar delicadamente as dúvidas em excesso (o *"E se"*) e a tendência ao negativismo (o *"Sim, mas"*). Uma boa prática é checar constantemente qual é o nível de compromisso do *coachee* e o quanto acredita no que está vivenciando a cada passo dado. Para isso, ao final de cada sessão faço algumas perguntas tais como: *"O que leva deste encontro? O que aprendeu com a experiência até aqui?"*

O fato de fazer análises em excesso podem levar o *coachee* 6 à **reluta em acionar**, justificando que precisa pensar melhor a respeito de cada passo – numa tendência à paralisia de análise. O importante aqui não é o tamanho do passo, e sim que o *coach* suporte a constância em fazer pequenos movimentos de aproximação sucessiva em direção ao objetivo.

Principais armadilhas para sabotar o processo

As armadilhas relatadas a seguir podem funcionar como pontos de atenção durante a condução de processos de Coaching com *coachees* 6.

O *coachee* **tão energizado no medo, que decide suas ações por conta própria**, a partir dos piores cenários que imagina. Nesse caso é como se ele experimentasse um processo próprio, definido por sua mente, no qual o *coach* não participa. Cabe ao *coach* relembrar os papéis e responsabilidades de cada um (*coach* e *coachee*) que foram estabelecidos e combinados num contrato no início do processo.

O *coachee* jogar o "Sim, mas" ou o "E se" e o *coach* se ver tentado a propor soluções. Como a tendência do 6 é voltar sua atenção para o que está faltando, usando sua mente questionadora e cética, a cada oportunidade de encontro de uma solução pode vir dele uma afirmação que mantém o foco no problema. Cabe ao *coach* não se hipnotizar pelo problema e assim incentivar um novo olhar para a questão.

O *coachee* intelectualizar em excesso o processo e não haver abertura para usar os outros centros de inteligência além do mental, ou seja, o emocional e o instintivo. Cabe ao *coach* incluir, nas sessões e tarefas, técnicas que convidem o corpo e as emoções a fazerem parte do caminho, tornando a experiência mais rica.

O *coachee* se sentir pressionado em excesso pelo processo a ponto de não avançar. Se o *timing* do 6 não for respeitado, quanto ao nível de incômodo que o processo está gerando, ele pode chegar a um desconforto tão grande que o leve a desejar encerrar o processo. Cabe ao *coach* apoiá-lo a mensurar o tamanho de cada próximo passo e analisar suas consequências.

O intelecto do *coachee* não validar o processo, se o mesmo não tiver uma lógica visível para ele. Cabe ao *coach* mostrar a amarração por trás de atividades e ferramentas utilizadas a cada sessão e do processo como um todo. Uma ótima prática é, de tempos em tempos, fazer uma breve passada do caminho percorrido até aquele momento, sessão por sessão. Este procedimento acalma o mental do 6 e pode trazer o relaxamento necessário para seguir na sua caminhada.

Se o *coachee* estiver num momento de vida em que se percebe altamente pressionado, seja por acontecimentos reais ou cenários criados por ele mesmo, poderá se mostrar operando num pico de medo e/ou de desesperança. Isso gera um estado desfavorável à mudança e favorável ao autoboicote. O medo também pode vir durante o processo de Coaching ou como resultado dele, seja pelo seu sucesso ou insucesso, disparando atitudes de fuga ou confronto. Sabendo disso, cabe ao *coach* ser o apoio que o 6 necessita.

Se o *coachee* procrastinar as tarefas sistematicamente, dando ao

processo uma velocidade muito menor do que é viável para atingir o objetivo definido, considerando o tamanho do processo contratado. Não fazer uma tarefa faz parte de qualquer processo de Coaching, mas o viés do 6 quanto a procrastinação requer do *coach* um cuidado especial para perceber isto o mais rápido possível. Assim pode amarrar melhor cada tarefa com o nível de compromisso do cliente e a avaliação de sua importância e viabilidade para ele.

O *coach* ter uma personalidade muito autoritária ou ser visto pelo *coachee* desta forma pode acionar gatilhos no 6 referentes à autoridade. Nesse caso, vai testar a autoridade do *coach*, questionando-o em excesso ou ao contrário, se posicionar de forma a agradá-lo caso queira a sua aprovação. Cabe ao *coach* perceber as dinâmicas que estão atuando nesta relação, apoiar o *coachee* a recolher a projeção e estar mais livre para ver o *coach* como um *container* de segurança e confiança.

Sugestões de tarefas para o desenvolvimento

As tarefas precisam tirar o cliente da zona de conforto sem, contudo, jogá-lo numa zona de desestrutura. Como o 6 já vivencia um certo desconforto por conta de sua mente acelerada e buscadora de perigos, a escolha da tarefa requer um pouco mais de cuidado. A dica aqui é facilitar que o cliente a encontre. Quanto mais customizada e mais sentido ela fizer para o cliente maiores são as chances de colaborar com o processo. Vale lembrar que a sugestão direta de tarefas pelo *coach* deve ser usada com moderação.

Prática de presença, relaxamento, calma e prazer. Identificar atividades que demandem atenção no momento presente, que acalmem a mente e que tragam relaxamento e prazer. Quando as faz seus pensamentos se acalmam e a consciência corporal tem espaço. Com a melhora na percepção sensorial há um alívio imediato na ansiedade e um aumento na sensação de segurança. Alguns exemplos de atividades: técnicas de respiração, meditação, Yoga, Tai Chi e lazer.

Prática do baú de tesouros. Solicitar que pessoas do seu convívio atual ou do passado, tanto no contexto profissional quanto pessoal, listem as qualidades, forças e dons que veem nele. Anotar cada uma dessas características num cartão ou folhas de papel e colocá-las numa caixa especial. Eleger um momento do dia para entrar em contato com parte desse conteúdo e observar o efeito de sua manifestação. Esta prática potencializará a autoestima e as forças que já tem.

Prática da prateleira de troféus. Identificar conquistas e sucessos que obteve e registrar numa folha de papel. Colocar num lugar visível para que possa ser visitado periodicamente e apresentar para pessoas queridas. Esta prática o convida a ver a "parte cheia do copo", tirando-o do transe que o leva à baixa autoestima.

Prática de duvidar da dúvida. Observar que quando a esperança surge existe uma tendência a ela se transformar em dúvida e em seguida em hipótese. Para cada dúvida ou medo, questionar o que afinal é real, através de uma inspeção honesta, perguntando-se o que está acontecendo agora, independentemente de qualquer interpretação. O convite aqui é olhar para cada dúvida com olhos frescos, diferenciando intuições e fatos de ideias falsas, projeções e hipóteses. Vale colher impressões com pessoas de sua confiança.

Prática do risco e da coragem – principalmente para o fóbico. Elencar situações onde utilizou coragem para lidar com os problemas sem necessidade de fugir ou atacar – possuía os recursos ou contou com ajuda. Escolher situações onde pode treinar arriscar-se mais sem necessidade de checar tanto antes de decidir. Utilizar o medo que se mostrar como ponto de partida para concluir se realmente necessita provar/definir/digerir algo antes de agir. Ex.: caminhos diferentes para o trabalho. No caso do contrafóbico, o movimento é contrário, conforme veremos na próxima tarefa.

Prática de checar o estímulo antes de acionar – principalmente para o contrafóbico. A cada situação desafiadora que se apresente no seu dia a dia, propor uma pausa (ex.: tomar um copo d'água ou uma respiração profunda) e se perguntar o que uma pessoa com fé pensaria/sentiria/faria aqui. Explorar se o que impulsiona é uma reação a uma suposta ameaça ou uma ação em direção a algo que busca. Se for reação, checar se existe perigo real e quando houver outra pessoa envolvida buscar por *feedback* perguntando: "O que realmente você quis dizer com aquilo, pensa ou sente"? Assim a *reação* dá lugar para a *ação* e o 6 sai de pilotos automáticos.

Evoluir sua relação com figuras de autoridade. Para cada relacionamento significativo que tem com figuras de autoridade, identificar suas críticas em excesso, submissão ou desconfiança. A seguir, o coachee visualiza a pessoa na sua frente e pratica o contato com o *tamanho justo de cada um*, dizendo: *"Eu sou igual a você, nem mais, nem menos"*. Convidá-lo a olhar o ser humano que habita aquela figura de autoridade, com toda sua história e suas dores pode ajudar.

Assumir a própria autoridade. Identificar contextos, seja no campo pessoal ou no profissional, nos quais possui um papel de autoridade. Listar, para cada um deles, atitudes e posturas que pode tomar para assumir ainda mais o seu lugar. Exercitar essas atitudes buscando os recursos dentro e fora de si.

Prática da conexão com algo maior. Identificar o que há de mais sagrado no seu conjunto de crenças e determinar um jeito de se conectar com ele periodicamente. Ex.: oração, música. Essa prática atua no resgate da fé e da harmonia e somente faz sentido para *coachees* que tenham, no seu modelo mental, algum tipo de espiritualidade e/ou religiosidade.

Ler no livro *Eneagrama para Líderes* o tipo 6, suas asas e flechas. Usar como referência o foco do Processo de Coaching para que o *coachee* identifique o que pode ser trabalhado para contribuir com seu caminho.

Exemplo real de atendimento

Contarei resumidamente algumas passagens do processo de um *coachee* 6 que atuava como gerente de Estratégia numa multinacional.

Na primeira sessão ele verbalizou: *"Estou num momento de dúvidas e preciso de respostas mais no âmbito profissional. A questão que mais me angustia é não conseguir projetar minha vida para daqui três anos. Minha chefe não gosta de mim, as coisas estão muito difíceis no meu trabalho, eu já refiz o meu curriculum, me cadastrei num site de recolocação e estou olhando algumas vagas!"* Li essa atitude como um movimento contrafóbico, onde reagiu ao seu medo e à sua ansiedade sem análises prévias.

Exploramos as duas maneiras de seguir na vida: *Ir em direção ao que se deseja* ou *Fugir daquilo que não se deseja*. Convidei-o a elencar ganhos e perdas de cada uma delas e, finalmente, questionei qual delas acreditava que havia sido usada neste caso. Ele se viu fugindo do que temia. Com tudo isso ele escolheu como foco principal o equilíbrio emocional e como secundário o que chamou de *Trabalho Pleno*.

Na sessão seguinte falou sobre a sua relação com seus liderados: *"Fui mal avaliado pela equipe. A questão da autoridade me dá umas travadas. Minha referência de autoridade vem de um contexto familiar. Meu pai, um autoritário trator, me diminuía. Fui o caçula dos meus irmãos, nunca me abri com eles e a casa inteira tinha um clima meio tenso. No trabalho, vários dos meus pares me intimidam e me sinto diminuído na frente deles"*. Convidamos a sua criança de dez anos para participar da sessão, afinal era ela, segundo ele, que tinha todas essas falas sobre o passado travadas na garganta. Exploramos o reconhecimento do seu real tamanho em relação à sua líder e pares, praticando o *"Eu sou igual a você"*. Trabalhamos a diferenciação entre as suas relações com o pai e com a líder – trazendo à luz as diferenças entre as pessoas, os seus papéis e contextos. Fizemos o mesmo para suas relações com seus irmãos e pares.

Ao longo das sessões relatou que as coisas estavam bem melhores. Praticou dizer a frase internamente: *"Eu sou igual a você"* nas ruas e nas reuniões. Na dinâmica de visualização de futuro ele se questionou: *"Tenho que ir nesta direção ou quero ir nesta direção? Acho que imaginei um caminho mais previsível. Não sei se tenho medo de fazer algum outro. Medo do fracasso e de não ser capaz"*.

Ele e sua gestora tiveram uma reunião muito produtiva. Ela se disse muito satisfeita com o seu trabalho, que estava notando progressos e, ao mesmo tempo, pontuou melhorias na sua atuação. Questionado sobre o que aprendeu, relatou: *"Percebi que talvez eu estivesse projetando nela meu medo de fracassar, que é muito forte. Essa pressão interna por reconhecimento e por provar o meu valor. E me pergunto por que me desesperar neste nível?"*

Durante o processo de Coaching ele foi promovido por ter se destacado e entregue um projeto premiado. Ao final do processo ele relatou que o mesmo o ajudou a diminuir o seu nível de insegurança pela metade, que o colocou num caminho de desenvolvimento para se sentir mais confortável com seu valor e usar sua mente mais a seu favor.

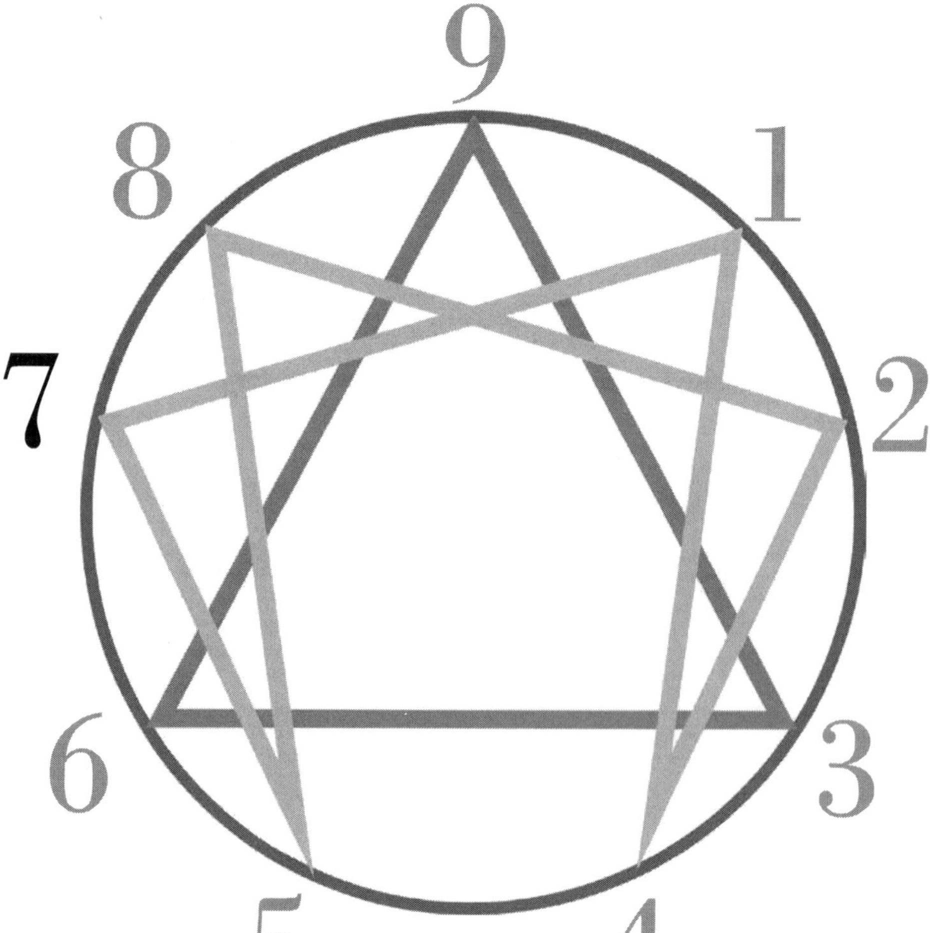
9
8
1
7
2
6
3
5
4

TIPO 7   O AVENTUREIRO
por João Luiz Cortez

Quais são as principais demandas dos clientes desse eneatipo?

Vários são os nomes pelos quais os representantes do tipo 7 são chamados: o otimista, o entusiasta, o epicurista, o visionário, o versátil, que já dizem algo sobre suas características principalmente quando estão fortemente associados à personalidade.

São pessoas que na sua maioria carregam consigo uma experiência que as levou a sentirem que teriam de cuidar de si mesmas em algum momento da infância, seja pela chegada de um irmão mais novo, ou por afastamento dos pais por uma doença, ou qualquer outro motivo. O que importa são as interpretações que foram dadas e não os fatos. O impacto dessa interpretação as fez iniciarem um padrão de evitar o que causa dor ou sofrimento. Isso é buscado através de viver uma vida intensamente vivida onde todas as opções existentes devem ser experimentadas.

Os tipo 7 estão na tríade dos mentais, assim como os dos tipos 5 e 6. Sua energia, além de permanecer predominantemente no próprio tipo, navega com frequência pelas suas asas 6 e 8 e também pelas flechas 1 e 5. Interessante perceber que em nenhuma dessas movimentações eles vão para a tríade dos emocionais. Os mentais reagem ao medo buscando segurança. No lado oposto estão a insegurança e ansiedade. O medo, mesmo que inconsciente, tem alto poder de influência. Para os 7 ele aparece em relação a não viver todas as oportunidades ou experiências que a vida parece oferecer e ao contato com a dor ou sofrimento.

Dessa forma são facilmente atraídos por várias coisas que lhes chamam a atenção para, após um tempo, já serem atraídos por novos desejos. É preciso experimentar tudo para saber o que os fará mais feliz ou qual é a melhor opção. São rápidos para obter novas habilidades e conhecimentos e acreditam que já sabem o suficiente mesmo quando seu domínio sobre um tema é superficial. Este mecanismo é uma defesa montada para que os 7 estejam bastante ocupados e, com isso, distantes dos seus medos. Na verdade, inconscientemente estão vivendo em função deles.

Viver a vida sem acessar suas dores e sentimentos negativos representa não olhar para suas principais questões e passar ao largo vivendo uma vida limitada. O medo de não dar certo e ter que enfrentar resultados ou contextos indesejados faz com que muitos 7 desistam dos seus projetos no meio ou mesmo antes de começar, seja por falta de confiança mesmo ou porque, ao terem contato com os primeiros aspectos não desejados de uma jornada, prefiram partir para uma nova empreitada.

"Quando percebi que já estava começando a não dar certo já sabia que era o momento de encerrar aquela relação."

Quando um cliente seu manifestar o desejo de interromper uma ação que ele até recentemente considerava relevante no seu processo, experimente perguntar:

"O que tem de atraente a situação atual que você deseja interromper? O que te manteria nesta experiência até o final?"[1]

O cliente poderá responder que não há mais nada de atraente ou que realmente não deseja permanecer nessa experiência. Nesse caso outra opção de pergunta é:

"O que te levou a entrar nesta experiência"?

Que poderá ajudá-lo a identificar os mecanismos da gula e atuar sobre eles.

Exercer a gula não significa que os tipo 7 não demonstrem incômodos ou frustrações. Ao contrário de outros tipos, não se preocupam com o que isto possa acarretar para si ou para os outros.

"Como foram as experiências de sua vida onde havia felicidade de forma duradoura? O que houve que fez com que ela permanecesse? Onde esta sensação se manifesta em você, no seu corpo?"[1]

São perguntas que ajudarão o cliente a acessar aspectos de comportamentos opostos a abandonar o que está sendo feito para ir para um novo projeto. Quando o cliente acessar emoções peça para ele permanecer conectado a elas. Ajude-o a utilizar esta conexão em outros momentos quando for necessário ou desejável.

Ir até o fim nos seus projetos é uma área de desenvolvimento e que representa um duplo desafio. Envolve não se iniciar tudo o que dá vontade e, por outro lado, manter-se até o fim naquilo que decidiu começar. A atração por novas experiências, ideias ou projetos cria uma dificuldade em terminar o que foi iniciado. Muitos clientes desse tipo têm como meta terminar o que começam. Trata-se de uma demanda muito interessante uma vez que se tratada apenas no aspecto comportamental provavelmente trará mudanças que não se sustentam. Ir mais fundo significa explorar as

---

[1] Quando várias perguntas aparecem juntas neste texto é importante que o *coach* faça uma de cada vez respeitando o tempo de latência do cliente, que é o tempo entre o momento em que o cliente parou de falar e o que ele parou de refletir sobre o assunto. O cliente já não está mais falando, mas por um tempo continua pensando sobre o tema. Esse momento é extremamente rico no processo e normalmente o cliente está em conexão com alguma emoção e acessando conteúdos, até então, inconscientes. Se neste momento o *coach* o interrompe com uma nova pergunta terá obstruído a ampliação de percepções fundamental no Coaching. As perguntas não guardam obrigatoriamente uma sequência ou necessidade de serem feitas agrupadas. O mais importante são os aspectos que elas abordam.

crenças e valores que estão por trás desse comportamento. Ajuda o cliente a identificar os hábitos que estão presentes nesse mecanismo e trabalhar tudo isso.

Os comportamentos e emoções dos representantes do tipo 7 quando na personalidade causam nos outros uma sensação de superficialidade ou falta de seriedade. É o líder que a cada reunião mensal com a sua equipe apresenta um novo projeto a ser desenvolvido, ou aquela pessoa que dificilmente leva uma relação amorosa adiante por muito tempo, ou o sonhador que parece não enxergar os principais desafios de uma empreitada através de um discurso por demais otimista. Serem levados a sério é uma das suas demandas.

"Qual é a sua necessidade de ser levado a sério?"

"Em que momentos você percebe que isto acontece? Em quais ocorre o oposto? Quais são seus aprendizados ao comparar esses dois contextos?"

"Como é isso para você?"

Ao *coach* cabe, dentro da agenda de vários novos projetos que seus clientes poderão trazer, contribuir para uma exploração seja mental seja emocional do que isto representa e trabalhar corpo e mente no sentido de que seu cliente encontre caminhos mais possibilitadores. Mesmo considerando que a agenda é do cliente e é ele quem tem as respostas, o *coach* deverá conduzir o processo de uma forma criativa e instigante colocando no processo o que não está sendo trazido pelo cliente. Quando isto é feito de forma imparcial, o *coach* oferece possibilidades. Quem decide é o cliente. O *coach* é como alguém que num longo corredor abre portas de diversas salas. O cliente olha e decide se quer entrar ou não. Caso a decisão seja de não entrar o *coach* abre a porta seguinte. Isso pode ser feito através de perguntas cujas respostas quem tem é o cliente. O *coach* pode ser em alguns momentos provocativo. Quando ele não tem uma opinião formada ou a resposta para o que ele pergunta, ele verá de forma eficiente e consciente que a responsabilidade pela obtenção dos resultados desejados é do cliente e não dele. Ao *coach* fica a responsabilidade de conduzir o processo da maneira mais competente possível.

Quais os principais desafios ao conduzir um processo de Coaching com esse eneatipo?

Um dos principais desafios no processo de Coaching com clientes tipo 7 é a elaboração da meta. Dentro da personalidade atraída frequentemente por novos projetos e que quer ter liberdade de escolha, definir uma meta é percebido como perda dessa liberdade. Com isso há uma tendência de o cliente não querer trabalhar ou definir uma meta ou trocar de meta a cada sessão. Cabe ao *coach* ajudá-lo a buscar a grande meta, aquela que valha a pena ficar nela. Em outras palavras a meta: "Uauh!!!"

Colocar o cliente no seu melhor estado interno e levá-lo a acessar todos os benefícios da meta conquistada é um caminho. Quando ele estiver lá pergunte: *"O que é ainda melhor do que isso?"* Peça para que ele amplie. Encontrar uma meta que seja inacreditavelmente atraente ajudará esses clientes a permanecerem mais tempo nelas. À medida que se desenvolvem os tipo 7, não sendo mais atraídos pelos medos da personalidade e suas estratégias de vida, aumentam a possibilidade de ficarem até o final, atingindo o que buscavam como meta do Coaching.

Outro desafio é que quanto mais os representantes do tipo 7 estiverem conectados à personalidade menos noção terão do impacto que estão causando a si mesmos, no sistema e nos outros. Lembro-me de uma cliente que tive que trabalhava com eventos. Em um determinado momento da vida ela estava envolvida em um novo projeto altamente atraente para ela. Este evento representava ficar fora de casa várias noites seguidas, o que começou a causar problemas em seu casamento. No dia que o evento terminou e que poderia voltar para casa, ela resolveu ir para uma apresentação que considerou muito interessante e, por consequência, importante e que ficava a 350 km da cidade onde ela morava. Quando questionada sobre as consequências disso afirmou: *"Se o meu marido se casou comigo é para, no mínimo, me apoiar na minha profissão".*

Quais as principais armadilhas desse eneatipo para sabotar o processo?

Os representantes do tipo 7 são inteligentes e convincentes. Seu mecanismo de defesa é a racionalização quando encontram explicações para mostrar como o que está ocorrendo com eles é positivo. *"Vocês não acreditam como foi boa a visita que acabei de fazer a um dos nossos clientes em potencial!"*, dito por um vendedor que acaba de chegar muito atrasado a uma importante reunião na empresa sem ter avisado ninguém, ou *"Achei ótimo, eu já queria acabar aquele relacionamento mesmo"*, dito por uma representante do tipo 7 cujo namorado terminou a relação com ela, são exemplos de racionalização.

Se a racionalização é utilizada para demonstrar uma imagem otimista do próprio Coaching isso fará com que os clientes tipo 7 digam que a sessão ou processo estão ótimos quando na verdade não é isso que está acontecendo. Se o *coach* estiver, por seu lado, também conectado à personalidade, receberá isso prontamente e ficará satisfeito não acessando oportunidades de melhora. Perguntas sobre como está o processo ou mesmo a sessão se feitas na linha do *"Como foi a sessão para você?"* provavelmente terão uma resposta positiva. Mude para *"O que precisa ser melhorado?"* ou *"O que ainda não foi atingido?"* e convide seu cliente a explorar esses aspectos como caminho de desenvolvimento dele. Essa postura do ir além é importante e fará a diferença desde a entrevista inicial.

Essa inteligência e poder de convencimento quando associados à gula, paixão desses clientes, representam outra armadilha. A gula vem da tentativa de preencher um vazio interior a partir de carência e frustração com tantas experiências criando um círculo vicioso que pode levar a mais experiências. O cliente irá buscar convencer o *coach* (e a si mesmo) que a nova experiência que ele traz é diferente e que neste momento é realmente importante. Provará que será uma das diferenças que farão a diferença. Cabe ao *coach* ajudá-lo a buscar apenas o suficiente. *"Qual é o suficiente neste contexto"?*

Sugestões de tarefas para o desenvolvimento desse eneatipo

No seu caminho de desenvolvimento, da personalidade para a essência, os representantes do tipo 7 vão da gula para a sobriedade. A noção do que eles precisam mudou para apenas o que é necessário. Os estímulos continuam a ser percebidos, mas as respostas são diferentes uma vez que a mente ativa já não gera os mesmos impulsos de antes do caminho de desenvolvimento.

A energia é melhor aproveitada. Em conexão com a essência continuam pessoas inteligentes que buscam informação e sabem lidar com suas ansiedades sem precisar fugir de si mesmas. São influenciadores tocando outras pessoas com seu entusiasmo e otimismo e um exemplo de que estar aqui neste plano é um grande presente. Terminar o que foi começado já não representa um grande esforço. A capacidade de foco vem agora de uma mente acalmada, alinhada com o ritmo de como as coisas neste mundo são.

Os tipo 7 na essência conseguem obter gratificação quando são produtivos e seu foco é na contribuição com um mundo melhor. Aqui não há a necessidade imperiosa de diversão para si ou para os outros. Vivem uma vida plena integrando experiências agradáveis, positivas com aquelas que, por serem percebidas como negativas, eram evitadas. Sabem que isso é o que leva à felicidade genuína.

Nesse caminho de desenvolvimento algumas práticas podem ser bastante úteis. Descubra o que funciona melhor com o seu cliente e para o que ele está mais aberto e receptivo.

- Escolha um período de tempo que pode ser o intervalo entre duas sessões de Coaching e relacione todas as coisas novas que você teve vontade de iniciar, mas não comece nada. Ao final do prazo pegue a lista e olhe. O que você ainda tem vontade de começar? O que é realmente necessário? Reduza essa lista e considere no que você realmente irá até o fim. Aprenda a ouvir. Pergunte sobre o momento e desenvolva o interesse pelo que o outro tem a dizer ao invés de ir para o contexto do "já sei o que ele vai dizer" e desviar sua atenção para qualquer outra coisa. Mantenha-se focado. Pergunte com interesse genuíno no outro e esteja aberto a se surpreender.

- Escolha um assunto difícil em relação a alguém e que você está evitando. Agende para conversar com essa pessoa e tenha essa conversa.

- Preste atenção quando você encontra significados positivos para as experiências desafiadoras e que envolvem dor ou tristeza (ressignificação). Substitua esse comportamento pela aceitação. Quando estiver bem prático nisso, substitua a aceitação por gratidão. Esses sentimentos que antes eram evitados são fundamentais para o seu crescimento e uma vida plena.

- Faça uma relação do que te deixa triste ou mesmo do que está negativo na sua vida. Como é entrar em contato com isso? Até onde você consegue ir agora? Até onde você se permitirá continuar?

- Busque um momento para ficar sozinho e aquietar a mente. Respire mais profunda e lentamente. Ao fazer isso desconecte-se do mundo lá fora. Pratique ficar com você mesmo. Se vários pensamentos surgirem nesse momento diga para eles que eles terão o seu momento se forem realmente importantes. Todos serão considerados, porém não agora. Deixe-os ir. Convide para que suas dores, seus medos ou mesmo as tristezas apareçam. O que você acessa? De você, das suas relações com as outras pessoas? Quais são os seus pontos de melhoria? Perceba-os com tranquilidade. Nossas imperfeições é que mostram e nos levam à perfeição do nosso caminho de desenvolvimento. Somos, portanto, perfeitamente imperfeitos. Entre em contato com sua capacidade de perceber pontos de melhora. Você a tem usado ao longo da sua vida. O que pode ser melhorado em você? Se tiver dificuldades aqui, considere o que os outros diriam para você ou peça *feedback* diretamente. Defina sua próxima ação a partir desse trabalho.

- Inscreva-se em cursos de autoconhecimento e desenvolvimento pessoal. Desenvolva trabalhos onde você poderá lidar com suas crenças e valores de forma a proporcionar mudanças comportamentais sustentáveis através da sua real transformação.

Exemplo real de atendimento

Francisco[2] era um gestor de uma empresa na área financeira quando me procurou interessado em Coaching.

Ele tinha por volta dos 40 anos de idade, era solteiro e namorava há seis anos com Cecília[2,] que desejava se casar com ele que, entretanto, não sabia porque não conseguia levar esse projeto adiante, mas tampouco acreditava que queria terminar a relação. Nesse meio-tempo estava tendo um relacionamento paralelo com uma colega de trabalho. Esse relacionamento foi descrito como totalmente sem compromisso para ele e sua colega e que ao mesmo tempo servia para "apimentar" a relação dele com Cecília. Questões profissionais e de carreira foram colocadas também na entrevista inicial.

Ao longo desse contato inicial foi possível perceber por parte de Francisco um discurso inteligente, assertivo, além da sua simpatia natural. Uma grande criatividade e geração de ideias também apareceram. Elas, porém, não necessariamente estavam relacionadas a qualquer objetivo de médio ou longo prazo. Essa falta de relação é um aspecto que com frequência aparece em processos de Coaching dos tipos 7. As interpretações positivas e otimistas, indício de racionalizações, apareceram em vários momentos.

Chamou também a minha atenção a variedade de assuntos trazidos para a entrevista inicial e como Francisco passava de um assunto para o outro com facilidade e rapidez. Nesse momento devolver para o cliente o que ele está falando (backtrackin) é de grande valia. Permite que o cliente confirme se o que você entendeu é realmente o que ele quis transmitir e aumenta a conexão (rapport), pois mostra que você, coach, está prestando atenção ao que ele fala. Há momentos que no Coaching com os tipos 7 isso é fundamental e essa ferramenta se mostra muito útil.

O primeiro objetivo do processo foi desenvolver com o Francisco qual seria o tema mais importante e que faria a maior diferença para ele. O medo de perder a liberdade ao escolher um se mostrou bastante presente, pois vários foram os mecanismos para que essa escolha não ocorresse.

---

2 Os nomes e algumas circunstâncias deste caso foram alterados para preservar a confidencialidade do processo.

Após ele ter escolhido um tema, que inicialmente foi o contexto financeiro, a cada sessão Francisco vinha com uma exposição muito convincente do porquê seria melhor mudar de tema.

Por fim Francisco escolheu trabalhar a gula do tipo 7 e foi com este tema até o final. Ele percebeu que, entre outras áreas, essa gula se manifestava nas suas relações amorosas. O que causou um grande impacto para Francisco foi assistir ao filme "Alfie, o Sedutor", uma das tarefas do processo. Quando chegou na sessão seguinte ele afirmou: "Não quero ser assim. Desejo escrever uma história diferente para a minha vida". Foi uma forte tomada de consciência dos seus mecanismos e seus comportamentos resultantes. Francisco conversou com sua colega de trabalho e decidiu não mais sair com ela.

O que ajudou muito foi o trabalho de autoconhecimento desenvolvido nesse processo e que permitiu que Francisco tomasse conhecimento de suas manobras. Depois de uma fase inicial de "briga" com o seu tipo veio a aceitação, fundamental para um trabalho como esse. Ele não chegou ao nível de gratidão, etapa seguinte à aceitação, mas se aceitar já foi suficiente para que o trabalho de evolução ocorresse. Quando ficamos brigando com nosso tipo essa mudança se torna muito mais difícil.

Isso permitiu outro ponto muito importante do processo que foi um profundo trabalho no qual Francisco não só escreveu sua missão de vida como também entrou em contato com ela. Esse contato não foi apenas mental. Foram conexões emocionais e de corpo também enquanto uma conexão com um nível superior foi realizada. Trabalhos envolvendo níveis de desenvolvimento do Eneagrama em que ele foi identificando onde se encontrava e qual era o próximo estágio também fizeram parte da agenda. A cada percepção alcançada havia uma ou mais ações diferentes do que ele já fazia para a incorporação de novos hábitos, crenças e principalmente obtenção de aprendizados.

Francisco passou a dar foco na sua carreira e no momento se encontra no meio de sua transição profissional, aumentando seu patrimônio de forma a ter um respaldo financeiro para as oscilações que a ausência de um emprego fixo proporciona. Continua focado nesse projeto mesmo quando outras opções surgem. Há ainda o que desenvolver em relação à sua gula, mas agora ela é exercida em pequenos prazeres no dia a dia que em nada comprometem seus projetos de médio e longo prazo conectados às suas missões de vida.

8

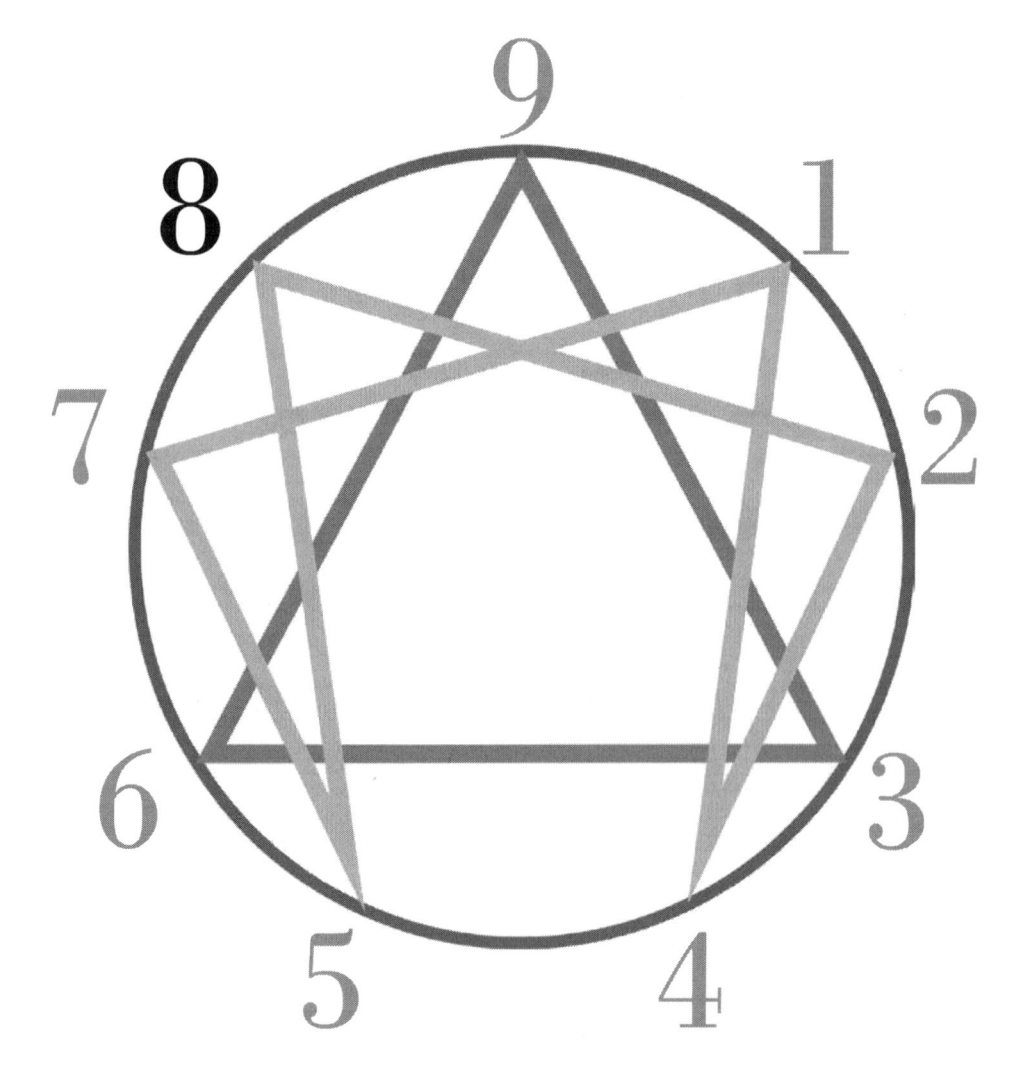

TIPO 8

O PODEROSO
por Roberto Silva

O tipo 8 no nível da personalidade não é diferente dos tipos 1 e 9 que pertencem à mesma tríade, a instintiva – do corpo aprendem principalmente por meio das sensações, têm as percepções ativadas pelos sentidos: cheirar, degustar, tocar, ouvir, ver, para poder entrar em contato com as coisas.

Chamado no Eneagrama de o poderoso, o desafiador, o autoconfiante. Dentre os nove tipos psicológicos de personalidade do Eneagrama é o que mais gosta e sente prazer em enfrentar desafios – práticos e mão na massa –, presentes, fazem acontecer. São dotados de muita vitalidade e força de vontade – muita energia, e bastante expandida. Dificilmente passam despercebidos. Carismáticos e com atributos psicológicos e mesmo físicos que facilitam persuadir os outros a seguirem-no naquilo que acredita - diferente da persuasão do tipo 7 que convence o outro que aquilo trará prazer naquele momento, é a melhor coisa do mundo, e com isso acaba levando o outro a experimentar. Os tipos 8 desenvolvem a crença de que o mundo é injusto, só os fortes sobrevivem e é preciso proteger os fracos. Receber ordens, *feedbacks* negativos não são coisas que um tipo 8 mais goste de ouvir e assimilar. Seu medo fundamental é de ser controlado.

Têm faro aguçado para detectar mentiras, a verdade é um valor pelo qual prezam. Negam suas necessidades afetivas e emocionais, esse mecanismo de defesa que sustenta essa força para agir e se apresentarem como fortes. Têm tendência a negar os erros – se apontar o dedo para ele mostrando que não alcançou o resultado desejado, o tipo 8 vai procurar se justificar e convencer de que ele está certo ou não é culpado pelo resultado, outros fatores ou pessoas influenciaram isso.

Uma frase de Don Riso e Russ Hudson em seu livro "A Sabedoria do Eneagrama" caracteriza e sintetiza a maneira como os tipos 8 pensam: "Sou o senhor do meu próprio destino".

Olhando para esta breve descrição de como funciona o tipo 8 quando atua na personalidade podemos perceber quais são as principais e mais frequentes demandas nos processos de Coaching.

O *coach* ao entrar em sessões com os tipos do corpo, os instintivos, deve sentar-se corretamente mantendo-se centrado, quadril relaxado e respiração abdominal – isso possibilita a concentração de energia na barriga facilitando a conexão com o centro de inteligência do corpo (instintivo). Também deve ser espontâneo em suas colocações e escutar seu *coachee* com interesse genuíno.

Dando continuidade às principais demandas apresentadas pelos tipos 8 para o Coaching, é importante ficar atento a que nem todos os tipos 8 são exatamente iguais. A experiência demonstra que as motivações centrais se mantêm, mas nem sempre atuam no mesmo nível de consciência e isso tem correlação direta com o nível de desenvolvimento pessoal e autoconhecimento que seu cliente já possui e outras variantes como o subtipo. Por isso vale uma pesquisa inicial com seu cliente antes de dar início ao processo. Essa investigação pode ser feita através de um questionário ou mesmo na sessão inicial, isso faz toda diferença.

Quando o tipo 8 tem a iniciativa de procurar por um Coaching normalmente é porque está encontrando dificuldades de relacionamentos em sua vida particular ou profissional ou em ambas. Os assuntos mais recorrentes são a falta de paciência com os outros e excesso de energia.

Relatam serem vistos como tratores sem sentimento, e também porque estão perdendo oportunidades na vida, ou ainda dificuldades na vida familiar e social. Apesar de não demonstrarem seus sentimentos e negarem suas carências afetivas, em algum momento da vida isso pode começar a incomodar.

Na outra ponta, quando a empresa indica Coaching para um tipo 8 é porque seus comportamentos, a maneira de agir e tratar com gestores, pares ou liderados vem passando por momentos insustentáveis ou talvez tenham se agravado nos últimos tempos. Como são práticos, e não deixam para depois o que precisa ser feito, o ritmo que impõem é difícil de ser acompanhado, eles colocam muita energia em tudo – quando precisam fazer alguma entrega -, na comunicação, a forma como fazem suas solicitações e na cobrança de resultados. De maneira geral tudo que esperam do tipo 8 é mais tolerância, paciência e que aprendam a colocar e usar toda essa energia de maneira construtiva. Outra demanda bastante comum quando se trata dos tipos 8 é a de aprenderem a controlar o impulso de proteger aqueles que julgam mais fracos, muitas vezes na tentativa de serem justos criam a impressão de poupar alguns, criando um ambiente de insatisfação e mal-estar para outros. Quando a proteção é colocada em prática acabam entrando em conflitos e disputas desnecessárias. Comprando brigas que não lhes cabem e assim reforçam a imagem de agressivos.

O estado esperado pelas empresas que contratam Coaching para os tipos 8 é que adquiram uma maneira inteligente de lidar com sua energia e que a coloquem a serviço deles e não contra como fazem, usando a energia de maneira inadequada e na maioria das vezes impossibilitando que acessem cargos que poderiam assumir por sua praticidade, objetividade e facilidade de resolução, dentre tantas outras habilidades que fazem parte da rotina do tipo 8. Por agirem com excesso de força acabam ameaçando a ascensão profissional. O contratante do processo de Coaching nesses casos sabe das reais condições de eficiência desse tipo e por isso contrata um *coach*, na esperança que ele aprenda a trabalhar e alinhar a essas habilidades mais suavidade.

Processo de Coaching de tipo 8 é desafiador. O *coach* tem que ser bastante objetivo, transparente e direto em suas colocações. Nem pensar em rodeios, as pessoas desse tipo de personalidade esperam que os outros tenham ações parecidas as suas - desde o primeiro contato é "olho no olho". Eles têm facilidade em detectar mentiras e com isso esperam que você faça colocações diretas e verdadeiras. Num primeiro momento chegam desconfiados e o *coach* precisa fazer com que se sintam à vontade e percebam de cara qual é o foco a ser tratado nas sessões e como será o processo. Chega com uma armadura, medo de ser invadido, de ser controlado e expor suas fragilidades. Ele desenvolveu a crença que o mundo só respeita os fortes e assim precisa dominar as situações - terá tendência a direcionar o processo, tem pressa e costuma tomar decisões impulsivas.

Quando o *coach* consegue acessar o coração do tipo 8, ele mostra quem é de verdade e ali se apresenta o verdadeiro "DNA" de alma, a essência desse tipo. Num primeiro momento sentem-se muito desconfortáveis e chegam a ficar bravos – e é aí que o *coach deve ficar atento ao movimento do seu cliente e tirar proveito do momento (lembre-se que os tipos* 8 vão testá-lo muitas vezes durante o processo e só respeitam quando são tratados de igual para igual, nada de você, *coach,* neste momento mostrar fragilidade – não deixe escapar essa oportunidade). Retomando, torna-se uma criança totalmente inocente, doce, com um coração gigante e a partir desse momento pode começar a falar de suas fragilidades e carências. Isso acontece porque se lembram da inocência de sua infância e que de alguma maneira foram obrigados a deixar para trás, afastando-se e esquecendo-se de si, para tornarem-se fortes. Quando acessam esse estado ficam emocionados e se desarmam, podem chegar às lágrimas. Isso é tranquilo para o *coachee?* Não, nem um pouco, nesse instante apenas deixe-o falar o que quiser sem interrupções, algumas técnicas de ressignificação e cura defendem que o fato de acessar, falar sobre assuntos difíceis e o *coach* apenas escutar e acolher pode resolver questões centrais do processo para sempre. Quando isso acontece com um tipo 8 é porque ele está se sentindo seguro e acreditando no processo e no *coach. Ele gosta,* sente-se muito bem e faz muitas descobertas. Muitas vezes executivos *"in company*" acabam por relatar assuntos relacionados à vida particular, à família e que se parece com o que está sendo tratado no processo profissional. Isso acontece porque como bem sabemos os tipos 8 não escondem nada, não têm agenda oculta.

Claro que o *coach* precisa estar preparado para atender qualquer tipo de personalidade, mas para os processos de tipo 8 você precisa estar centrado, presente, conectar-se à energia visceral e monitorar-se durante toda sessão. Por medo de serem controlados, eles fazem questão de demonstrar força e colocam muita energia nos movimentos, na dinâmica da voz, olhar profundo, e com esse comportamento podem dominar o ambiente, a sessão e você, eles passam a direcionar a sessão.

O *coach* deve ficar alerta às armadilhas dos *coachees* de tipo 8. Há uma tendência maior de essas armadilhas terem origem no mecanismo de defesa, a negação. Motivados por esse mecanismo os indivíduos desse tipo de personalidade negam sua necessidade de desenvolvimento, principalmente quando o Coaching é sugerido e patrocinado pela empresa. Claro que quando começam a acessar níveis mais saudáveis eles mesmos procuram por processos de desenvolvimento, e o Coaching com Eneagrama neste momento é muito bem-vindo. Como os tipos 8 são impacientes e querem resultados rápidos, o *coach* que oferece essa possibilidade sai na frente, trabalhando desde o início os aspectos centrais do tipo de personalidade do *coachee*.

Outra armadilha a que esses *coachees* estão sujeitos aparece no momento em que eles sentem que o *coach* começa a entrar em assuntos que os remetam aos aspectos centrais do seu tipo. O movimento é desviar do assunto, de maneira inconsciente, o mecanismo de defesa entra em ação. Como isso acontece? Tendem a falar sobre o assunto que foi tratado, por exemplo, em uma sessão anterior. Caso o *coach* não esteja atento, centrado e presente, cai na armadilha que o tipo 8 acaba de cair. Não é raro isso acontecer. Nesse momento o *coach* precisa se colocar de maneira mais direta, objetiva, mas também acolhedora – essa atitude do tipo 8 tem uma intenção positiva para ele – a de proteger-se e não mostrar suas fragilidades. A dica é propor para falar (evite usar uma linguagem que ele possa entender que você o esteja ameaçando ou culpando) sobre esse assunto ao término da sessão e retomar do ponto onde parou. O objetivo é mostrar a ele que isso é para ajudá-lo a acessar o que for preciso, suas emoções e vulnerabilidades e ali, durante as sessões, não é preciso mostrar-se forte. Certamente o tipo 8 nessa situação reagirá, dando um sorriso entre dentes e concordando com um aceno de cabeça, ou poderá verbalizar algo como: "Lá vem você de novo com sua postura de *coach*". Tenha certeza que lá no fundo gostou, isso conversa diretamente com os seus padrões de comportamento. Ajude-o a colocar foco naquilo que para ele é verdadeiro em relação à meta tratada nesse processo e mostre que você está ali para apoiá-lo, deixe claro que o *coach* não toma partido e não faz julgamento. A frequência ou não dessas armadilhas durante as sessões de Coaching tem a ver com o nível de segurança e confiabilidade que o *coach* consegue verdadeiramente transmitir ao seu coachee. Quando o *coach* acessa o coração do tipo 8 ele entra na virtude da inocência da criança pura e de coração aberto, desconecta-se dos excessos, acessa a verdade divina, se desarma e seu mecanismo de defesa desaparece, você tem a sua frente o verdadeiro tipo 8 do Eneagrama.

O tipo 8 acessa seu melhor - autoconfiantes, fortes, assertivos e fazedores. Generosos, de coração enorme. Entende o poder do Amor, ao invés de sucumbir ao Amor pelo poder; proteção que empodera os outros. Posiciona-se sobre suas próprias necessidades e as dos outros. Usa a energia para começar e impulsionar as coisas. Os conhecimentos do *coach* acerca da alma que está a sua frente, e a isso podem dar o nome que quiserem, Essência, DNA de Alma, Eu sou... Não importa, o que importa é o *coach* conseguir enxergar quem verdadeiramente está sentado ali. A dica vale para os nove tipos de personalidade do Eneagrama, não só para os tipos 8. Esse conhecimento facilita alcançar as metas do seu *coachee* e torna o processo sustentável.

No "Coaching & Eneagrama", o sucesso do processo vai depender de o coach conhecer "bem" as motivações por trás dos comportamentos do seu cliente. Quanto maior for o seu conhecimento e a disponibilidade em aprender sobre Eneagrama maiores as chances de seu cliente alcançar as metas que busca. Não consigo conceber que apenas com o conhecimento obtido em cursos iniciais Eneagrama o *coach* adquira o conhecimento suficiente e as habilidades necessárias para a boa condução de um processo de Coaching com Eneagrama. Para melhor entender essa colocação questione-se como fará para acordar e definir as tarefas para o *coachee* a cada sessão. De onde elas se originam? O que acontece se as tarefas não forem as corretas para o tipo de personalidade que está atendendo ou o momento certo do processo? A possibilidade de os resultados obtidos não serem os esperados são reais e acontecem com certa frequência e por um único motivo, a falta de conhecimento sobre o Eneagrama.

As tarefas combinadas como parte dos processos de Coaching com Eneagrama podem ser o ponto alto da sessão. Por exemplo, o *coach* está direcionando seu cliente tipo 8 na sessão para trabalhar aspectos ligados à rejeição, muito bem, durante a sessão vocês falaram sobre esse assunto e há necessidade de olhar para isso com mais profundidade. Qual tarefa você sugere para seu cliente? A tendência de proteção que o tipo 8 demonstra pode fazer com que algumas pessoas se sintam rejeitadas. Muitas vezes por uma questão de justiça eles elegem sua equipe de trabalho ou alguns da equipe como mais fracos e precisam de proteção, com esse movimento aqueles que não são vistos como fracos sentem-se rejeitados. Uma tarefa que cai bem é convidá-lo a permitir-se fazer também por aqueles que não consideram como "fracos e necessitem de proteção", mostre para ele que isso pode ser justo, um ato de permitir-se. Essa tarefa traz à consciência algo que os tipos 8 não percebem, o impacto que esse comportamento traz aos relacionamentos, principalmente no âmbito profissional.

Combinar tarefas com os tipos 8 para aprenderem a trabalhar o excesso de energia, considerada a maior energia expandida dentre todos os tipos do Eneagrama, é uma grande aprendizagem sobre eles mesmos. Eles precisam aprender a conter a energia para si e dimensioná-la, adquirir a capacidade de controlar a força e a impulsividade tão natural e espontânea para esse tipo e vem daí a maior parte de seus comportamentos indesejáveis. Um bom exemplo de tarefa que pode parecer muito fácil de executar para quem não pertence a esse tipo é convidá-lo a procurar uma pessoa próxima para falar sobre alguma fragilidade física ou emocional, e enquanto faz os desabafos ficar atento ao que dizem e também sugira para pedir um gesto carinhoso ou abraço.

Questione-o sobre a necessidade de ser tão intenso. De onde vem toda essa intensidade? O que aconteceria se ele e sua vida fossem menos agitados?

Sugira que procure inspiração em seu vizinho tipo 9 para restabelecer um pouco de tranquilidade. Convide-o a práticas que possam lhe trazer quietude, por exemplo, dirigir-se ao parque e deitar-se à sombra das árvores e respirar levando a atenção para os movimentos abdominais. E num segundo momento abordar sobre meditação, é tudo que o tipo 8 precisa, de momentos sóbrios e contatos mais profundos com o coração, esses movimentos diminuem o nível de *stress* e favorecem conter a energia e a força.

Sugerir para seu cliente fazer uma prática de consciência vai ajudá-lo a perceber-se muito rápido. Consiste em prestar atenção aos efeitos da energia do tipo 8 sobre as outras pessoas. Criar uma agenda para que isso passe a fazer parte do seu dia, ao menos por um período de tempo. Fazer uma rápida pausa (talvez um ou dois minutos) várias vezes no dia e procurar verificar o quanto de seus comportamentos impactou as pessoas, respondendo, por exemplo: "O quanto tem impactado as pessoas, negativamente, com sua energia, com sua força ou talvez pelo controle e quanto esteja prejudicando a independência das pessoas por agir assim?" "O quanto tem sido impaciente e grosseiro com as pessoas?" "O quanto tem usado sua presença para dominar o ambiente ou mesmo humilhar as pessoas?" São apenas alguns exemplos de perguntas a serem respondidas ao longo do dia e por várias vezes. Essa prática está baseada no livro de David Daniels e Virginia Price "A Essência do Eneagrama".

Trabalhar com um tipo 8 sobre a mandala do Eneagrama (tapete) é inspirador, eles conseguem perceber e incorporar os benefícios imediatamente e relatam com muita clareza as mudanças que acontecem durante esse processo, por serem práticos, os resultados muitas vezes alcançam níveis estratosféricos. Claro que essa prática também vale para os nove tipos de personalidade do Eneagrama.

Há alguns anos, em meados de 2013 conduzi o processo de Coaching com Eneagrama de um típico tipo 8 – Florence (pseudônimo) –, executiva de uma grande multinacional.

Florence era o único talento dentro da empresa e estava sendo indicada para assumir o cargo de vice-presidente em uma filial fora do Brasil. Nenhum *gap* que a desabonasse para a indicação. Vista como uma pessoa de extrema inteligência e competência. Um único ponto incomodava seu gestor e pares, na época, era algo que poderia impedi-la de chegar ao tão cobiçado posto. Tinha um excesso de força, uma energia desenfreada típica dos tipos 8, que lhe causava conflitos e situações delicadas. Em face dos últimos acontecimentos que agravaram e comprometeram sua promoção, fui contratado pela empresa para conduzir o processo de Coaching com ela.

Na primeira sessão apresentou-se bastante questionadora. No desenrolar de nossa conversa em algum momento resolvi pegar um livro de Eneagrama que levava comigo e a presenteei. Sugeri que fizesse o teste contido no início do livro, a percebi um pouco desconfortável com minha sugestão, mas riu e topou. E a partir das próximas sessões, tipo identificado e na linguagem dela, mão na massa, tudo tomou rumo para alcançar a meta. Na terceira sessão acordamos como tarefa a prática da auto-observação e a partir das observações sobre os comportamentos vinculados à paixão (luxúria) e fixação (objetificação/vingança) de seu tipo de personalidade escrevesse um relatório diário para conversar sobre isso em nossa próxima sessão. Eu gosto muito dessa prática. Na quarta sessão ela estava muito feliz com o que havia percebido sobre seus comportamentos - a força que colocava para abrir uma porta, para caminhar e também no tom de voz. O quanto de energia e força desnecessária em tudo que fazia. Quando o tipo 8 se permite e torna-se consciente de seus comportamentos ele abre o coração e é capaz de compartilhar com o *coach* coisas e assuntos que antes não tinha compartilhado com ninguém. Para que isso aconteça ele tem que sentir verdade no *coach* e no processo.

Na metade do processo tive uma reunião de *checkpoint* com o gestor de Florence, estava maravilhado com o resultado e ainda faltava concluir a outra metade. Ele falou: "Não sei o que você vem fazendo com a Florence, mas continue com isso".

O gestor comentou: "Antes do início do processo ela era bem impactante, na maneira de andar, a força que colocava ao abrir a porta, um tom de voz alto e intimidador". Tudo isso já tinha mudado. "Antes de iniciar o processo", diz ele, "sabia exatamente quando ela estava chegando: passada forte, bem marcada e quando abria a porta tinha certeza e pensava, ela chegou".

Na segunda metade do processo foram trabalhadas crenças que sustentavam os comportamentos exagerados e que estavam diretamente vinculados à paixão, fixação e ao mecanismo de defesa, a negação, do tipo. Ela acreditava que todas as suas conquistas eram conseguidas através da força e o poder de controle que exerce sobre as pessoas e as situações. Na última sessão, comentou comigo: "Se eu me conhecesse como me conheço hoje meu casamento não teria acabado".

Foi um lindo processo, Florence foi muito comprometida. O processo de Coaching da Florence tornou-se um *case* de sucesso na empresa, e com isso muitos outros processos vieram e ainda hoje tenho conduzido tantos outros nessa empresa.

O resultado mostra como o Eneagrama é encantador e quanto facilita alcançar resultados sustentáveis nos processos de Coaching e no desenvolvimento humano.

"Conflito é a divergência de posturas, de ideias, de situações; confronto é a tentativa de anular o outro."

Mario Sergio Cortella

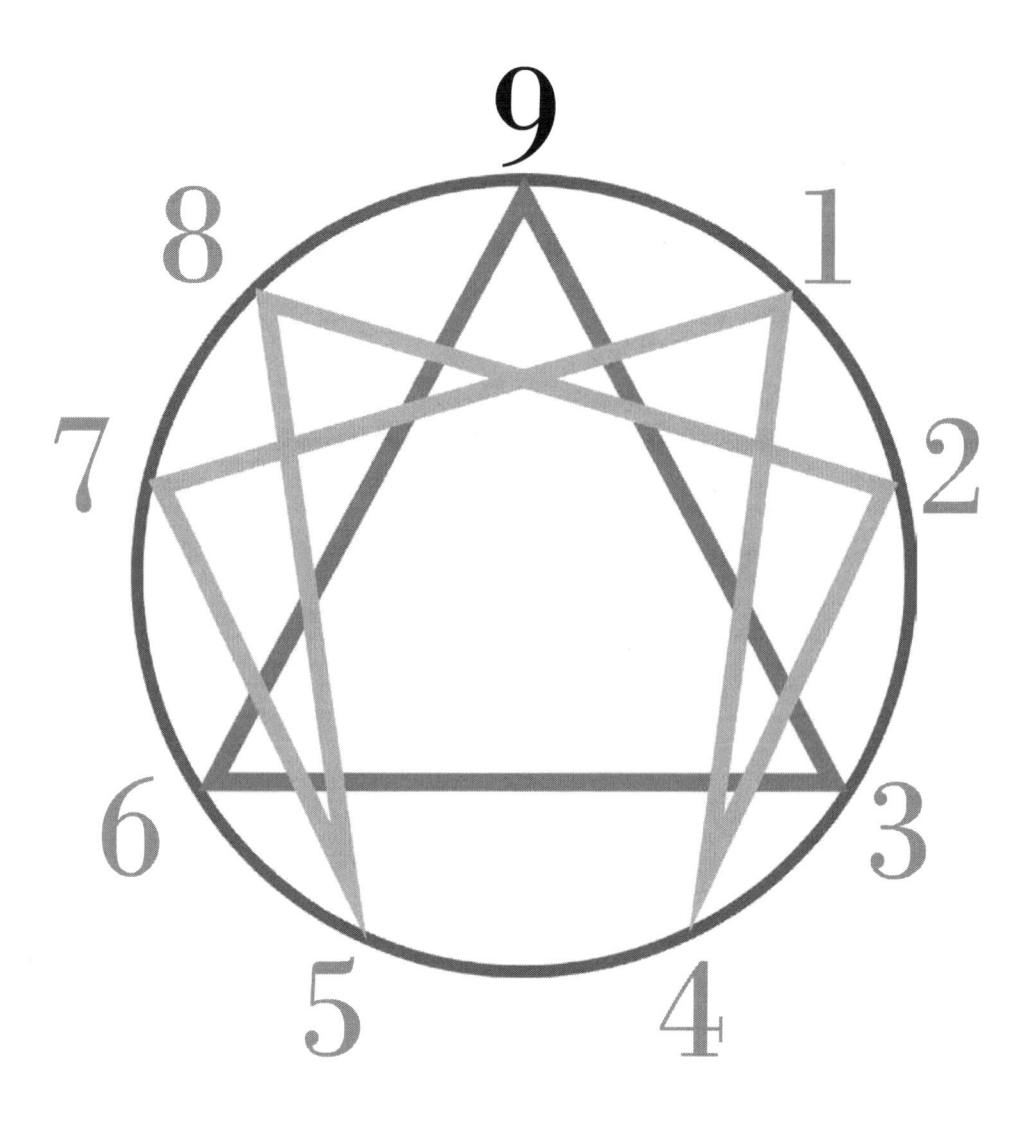

TIPO 9 — O MEDIADOR

por Sabrina Mello

Principais demandas

A grande busca da vida dos mediadores (ou pacificadores), como são chamadas as pessoas do eneatipo 9, é se harmonizar com o mundo e com os que vivem ao seu redor.

Cordiais, generosos e acolhedores, têm uma crença íntima, geralmente inconsciente, de que para serem amadas não podem brigar ou entrar em conflito com alguém.

Por pertencer à tríade dos tipos instintivos, subentende-se que a pessoa do tipo 9 é prática e age quando se sente afetada pelas circunstâncias. Mas o desconforto que experimentam diante dos conflitos leva o tipo 9 a preferir não expor seus pensamentos e sentimentos, preferindo escutar o que os outros têm a dizer.

Sofrem ao vivenciar ou presenciar injustiças, intolerâncias, humilhações, preconceitos e pressões. Diplomáticos, os 9 atuam como excelentes mediadores entre personalidades opostas, pois buscam o consenso, ouvindo e considerando todas as partes e perspectivas com o mesmo rigor, sem julgá-las.

Essa habilidade confere-lhes uma vantagem como líderes, ainda que eles evitem postos de destaque e competições. Como gestores de equipe, tendem a ser democráticos e a impedir autoritarismo e decisões unilaterais – posturas que abominam.

São pessoas que, em geral, presenciaram excesso ou falta de conflitos durante a infância. Algumas cresceram em famílias desestabilizadas, em que o pai e a mãe brigavam constantemente; outras, no extremo oposto, em núcleos em que confrontos não eram tratados abertamente. Em ambos os casos, acabam não desenvolvendo habilidade para lidar com situações hostis.

É comum que uma pessoa do tipo 9 se surpreenda ao receber um elogio. Seu espanto revela uma maneira distorcida de encarar a realidade, o que chamo de "síndrome de pequenez". Traduz-se na sensação que a pessoa tem de que é insignificante perante os outros. Por isso, uma das principais demandas do 9 é recuperar a sua autoestima, aprendendo a dar valor a si mesmo.

Seu olhar é para a harmonia externa, e sua preocupação é maior com o impacto que suas atitudes terão na vida daqueles com quem interagem do que com as consequências que a falta de assertividade pode causar em sua própria vida. Outra demanda recorrente é, portanto, aprender a dizer "não" e a se posicionar claramente em seus relacionamentos.

Ao longo da vida, a pessoa do tipo 9 tende a receber muitos reforços positivos por seu comportamento pacífico. O efeito dessa aprovação, no entanto, pode contribuir para fortalecer ainda mais o mecanismo de defesa e os vícios, emocional e mental, do tipo 9.

Mecanismos e padrões

Quando se deparam com qualquer desarmonia em suas vidas, os que se identificam com o tipo 9 recorrem ao seu mecanismo de defesa, a *narcotização*. Ou seja, a busca por situações e práticas que os ajudem a se "anestesiar" emocionalmente, na tentativa de se proteger.

Para alguns, a narcotização se revela no hábito compulsivo de assistir a séries televisivas, mergulhar em trabalhos infindáveis, beber ou comer demais. Todos esses comportamentos configuram a busca por prazer e confortos imediatos, gerando uma falsa paz.

Por trás das atitudes típicas desse tipo esconde-se o seu vício emocional: a *preguiça*. Não necessariamente a preguiça que o levaria a ficar deitado o dia inteiro no sofá (embora possa ser essa também). É a preguiça de si mesmo e de lutar pelo que acredita, entorpecendo as emoções e os impulsos, principalmente a raiva. Afinal, para fazer tudo isso, é preciso gastar sua energia em situações desarmônicas. Um custo que lhe parece alto demais.

O fato de evitar conflitos não significa que esse seja um tipo com pouca energia. São pessoas comumente ativas, com agendas cheias de compromissos. Mas resistem a usar a energia para agir assertivamente. Por exemplo, se querem ou necessitam falar algo negativo para alguém, são capazes de adiar, priorizando atividades menos urgentes, mas mais confortáveis.

Expressões como "deixa pra lá" e "não vale a pena" são frequentes no vocabulário de pessoas desse eneatipo e revelam também o seu vício mental: a *indolência*. A mente do pacificador convence-se de que os problemas têm um peso menor do que realmente têm para não admitir a necessidade de enfrentá-los.

Da mesma forma que para os tipos emocionais (2, 3 e 4) o grande desafio é lidar com o sentimento de rejeição, e para os mentais (5, 6 e 7) com o medo, a dificuldade dos instintivos (1, 8 e 9) é lidar com a raiva. Cada um dos três tipos instintivos manifesta essa raiva de uma maneira peculiar. O 8 a exterioriza, e o 1 a controla. O 9, por sua vez, simplesmente faz de conta para si mesmo que ela não existe. Ou seja, ele a nega. Essa raiva é, na verdade, uma energia motivadora da ação certa, ou seja, que deveria levá-lo a fazer o que deve ser feito e a defender seus interesses. Mas, para agir assim, precisa de alguns empurrões.

Esse é um dos pontos principais a serem trabalhados em um processo de Coaching com o tipo 9. O intuito é fazer a pessoa, em um primeiro momento, perceber a sua raiva para, em um segundo momento, acessá-la de forma controlada.

Principais desafios ao conduzir um processo de Coaching com esse eneatipo

- A relação de confiança entre o *coach* e o *coachee* é o que permite que os *feedbacks* sejam construtivos e efetivos. Leve em conta que o consenso e a pluralidade são importantes para o tipo 9. Um *feedback* baseado em um julgamento unilateral pode quebrar a empatia com o *coachee*. Deixe claro que os retornos partem de sua observação, e tente considerar outros possíveis pontos de vista sobre o assunto.

- Modere a quantidade de *feedbacks* por sessão. Comece com um por vez e observe como o *coachee* o encara antes de dar início a uma lista.

- Ao fim da sessão, evite passar muitas tarefas para o *coachee* do tipo 9. Assim, menores serão as chances de que ele recorra ao mecanismo de defesa.

- Tome cuidado com as palavras que usa durante o Coaching. Evite falar que o *coachee* "precisa" ou "tem que" fazer algo. As pessoas do tipo 9 não se identificam com imposições e isso pode não só quebrar a conexão estabelecida com elas, mas também aumentar a resistência à mudança.

- Desenvolva uma fala generosa com o *coachee*, também por meio de sua linguagem não verbal. O seu tom de voz deve ser moderado e o ritmo de sua fala pausado, transmitindo serenidade e respeito.

Quais as principais armadilhas desse eneatipo para sabotar o processo?

- Se o *coach* também for um tipo 9, a tendência é se identificar com o mecanismo de defesa e os padrões do *coachee*, o que pode levá-lo a minimizar os problemas, reforçando o comportamento do cliente. Nesse caso, o trabalho pode ser em vão. Aproveite a identificação para ajudá-lo a desenvolver os pontos fortes essenciais do eneatipo. Leve em consideração o que os acontecimentos geram no *coachee* e como ele pode agir para defender os seus interesses.

- O profissional deve tomar cuidado para não ser pragmático demais, impondo-lhe verdades próprias e, assim, quebrar a empatia com o pacificador. Ele precisa confiar no *coach*. Caso contrário, tende a resistir ao que tentam lhe impor, revelando uma teimosia peculiar.

- Quando qualquer pessoa começa um processo de desenvolvimento, pode ocorrer o "movimento de pêndulo". Isto é, adota-se uma atitude oposta à sua tendência na tentativa de equilibrar-se. No caso do tipo 9, alguém que antes silenciava diante de opiniões contrárias pode passar a ter um comportamento impositivo, posicionando-se a todo momento. O desafio é encontrar um equilíbrio entre os dois estados.

- Cuidado para não exagerar na tentativa de tirar o tipo 9 de sua zona de conforto. Ele precisa, sim, ser colocado em situações desconfortáveis – mas no momento e da maneira certos. Se o *coach* tirá-lo abruptamente de seu campo seguro, pode sabotar todo o processo. Com sutileza, prepare o *coachee* para sentir o mal-estar que o trabalho promoverá. Peça para que seja persistente. Fique atento a possíveis sinais de que o Coaching possa estar exigindo demais do *coachee*. Se ele começar a desmarcar sessões ou procrastinar tarefas, reflita se a sua exigência está além do suportável para ele.

- O *coachee* pode ter dificuldade em reconhecer e falar abertamente sobre suas insatisfações e necessidades a serem tratadas no Coaching. Estimule-o a refletir e entrar em contato com elas.

- Na hora de exercitar os comportamentos discutidos com o *coach* no dia a dia, o tipo 9 pode desviar a atenção das prioridades estabelecidas, como faz com outras atividades recorrentemente. É fundamental que o profissional acompanhe a aplicação das tarefas para garantir que não estão perdendo tempo.

- A indolência do tipo 9 pode levá-lo a adotar uma postura passiva no Coaching, deixando para o *coach* a tarefa de lhe dizer o que fazer. Mas essa relação não é produtiva para o tipo 9, uma vez que um dos pontos a serem trabalhados é o aprendizado de se posicionar com firmeza na própria vida.

Sugestões de tarefas

- O primeiro trabalho no processo de Coaching do tipo 9 deve ser conscientizá-lo de seu mecanismo de defesa e padrões. Uma maneira de fazer isso é levantando questionamentos para que ele possa concluir, por si só, que precisa adotar uma nova maneira de agir. Uma das perguntas sugeridas para o *coachee* tipo 9 é: "Em determinada situação, o que você poderia ter feito de diferente, pensando que você é a pessoa mais importante dessa história?"

- Também para ajudá-lo no processo de autoconhecimento, uma sugestão é pedir para que ele elabore uma lista com tudo o que gostaria de falar para outra pessoa com quem compartilhou uma situação desconfortável. Depois, peça para que apresente uma nova lista, descrevendo o que de fato falou a essa pessoa. A tendência é que ele perceba o quanto do que gostaria de realizar, na verdade, apenas guarda para si. O que o impediu de se expressar – e o que poderia melhorar em sua vida se agisse diferente?, questione.

- Analise com o *coachee* a definição das palavras *conflito*, *briga* e *posicionamento*. A pessoa do tipo 9 costuma descrever como conflitos ou brigas situações que para os outros são conversas usuais, sem tensão. Entender que expressar sua opinião não é necessariamente gerar um conflito pode ajudá-lo a ressignificar essa palavra e a lidar melhor com as interações do dia a dia. Proponha que simule situações e possíveis reações dos outros. Com isso, ele poderá perceber que não precisa falar de forma agressiva para defender seus interesses e que nem sempre que se posicionar o resultado será negativo.

- Em um segundo momento, incentive-o a emitir e a defender um ponto de vista sobre algum assunto importante na vida dele. Com o tempo, evolua essa tarefa, fazendo com que o *coachee* aplique-a com pessoas a quem seria difícil contrariar. Ao fim de um mês, proponha uma reflexão sobre o quanto se tornou (ou não) mais fácil emitir sua opinião.

- Carismática e movida pelo desejo de ser amada, a pessoa do tipo 9 costuma ser supersorridente. É válido sugerir um exercício que a leve ao estado oposto. Que tal andar com a expressão facial mais fechada e refletir sobre por que estaria alegre? Há realmente algum motivo para sorrir ou é apenas a força do hábito?

- Uma maneira de fazer com que o *coachee* 9 perceba que superar o desconforto pode ser produtivo e benéfico é sugerir-lhe que pratique yoga (ou outro exercício corpóreo que exija persistência). Proponha que preste atenção ao seu estado interno durante as posturas mais difíceis. "A tendência é se irritar diante do desconforto? Desistir?", investigue. Por analogia, ele poderá notar quantas vezes evita atitudes que lhe fariam bem apenas por não querer sentir o incômodo do processo.

- O Coaching com o tipo 9 tem, entre seus objetivos, fazê-lo entrar em contato com a raiva que esconde até de si mesmo. Ao acessá-la, ele encontrará sua energia vital. É saudável que se sinta afetado pelos eventos externos. Praticar artes marciais pode ajudá-lo a superar a preguiça, percebendo as sensações do conflito no próprio corpo.

- O cuidado com a linguagem é essencial para o autoconhecimento. Como a pessoa do tipo 9 não percebe a raiva contida em si, tende a justificar com outros nomes aquilo que está sentindo. Fique atento a descrições que amenizam seus sentimentos ou atitudes. Por exemplo, sugira que troque palavras como "implicância" por "raiva".

- Ajude-o a ser mais assertivo em sua fala. Uma característica de pessoas do tipo 9 é se desculpar ou fazer longas introduções antes de emitir uma opinião. Em vez de frases como "espero que não fiquem chateados com a minha opinião", proponha que vá direto ao ponto. Outra dica é que o *coachee* grave e, mais tarde, analise suas reuniões e conversas para que perceba seus padrões de linguagem e treine a assertividade.

- Proponha exercícios que o ajudem a gerir melhor o tempo, definindo prioridades – e colocando entre elas suas necessidades pessoais. Para evitar a procrastinação, uma sugestão é elaborar uma lista de afazeres elencando as atividades urgentes e importantes naquele dia. Após realizar todos os itens, o *coachee* pode dar a si mesmo uma recompensa, como, por exemplo, tomar um sorvete na frente da televisão.

- Um simples exercício de respiração pode ajudar o *coachee* a entrar em contato com sua energia vital, o que o ajudará a tomar a ação certa para o seu desenvolvimento. Para isso, ele deve prestar atenção ao ar que inspira, mentalizando o tipo de energia de que precisa para realizar seus objetivos.

- Ao compreender melhor o próprio comportamento, o tipo 9 tende a se dar conta de que deixou sonhos pessoais e projetos de valor esquecidos no passado. É natural que a pessoa entre em contato com uma profunda tristeza e frustração. Esses sentimentos podem culminar em uma raiva genuína – e positiva. Aquela que poderá ser usada como energia propulsora para entrar em ação.

- O Coaching pode ajudar a transformar o futuro do *coachee*, não apenas no curto prazo. Pode também conduzi-lo na descoberta do que quer realizar, de fato, e a traçar planos para concretizar os planos de carreira no médio e longo prazo. O planejamento é uma forma de combater o comodismo e a preguiça.

- Um recurso que tem se mostrado efetivo é o uso de mantras para ajudar os *coachees* a recordarem seus propósitos. Trata-se da elaboração ou apropriação de alguma frase que vá ao encontro do que ele precisa ouvir para se desenvolver, a ser mentalizada diante dos desafios cotidianos. No caso do tipo 9, há duas palavras de extrema importância para a sua evolução: persistência e fé (em si mesmo). São ferramentas para superar, por exemplo, a síndrome de pequenez. Diante do sentimento de que, apesar do esforço, o reconhecimento externo não vem, a pessoa pode pensar: "Preciso persistir" ou "ter fé em mim". Assim, conecta-se com a sua força interior.

- Para ser ativo diante da síndrome de pequenez, um exercício feito com alguém de confiança pode ajudar o tipo 9. A sugestão é que ele convide a pessoa para um café e, no encontro, conte fatos ligados às suas qualidades e realizações. Por exemplo, sobre o bom desempenho que teve em um projeto profissional.

- Ele também pode investir no *marketing* pessoal, na empresa em que trabalha. Será que as pessoas sabem da sua participação em um projeto? Se não, dê um jeito de comunicá-las de forma mais clara – em um *e-mail*, pelas redes sociais, ou até mesmo em reuniões.

Exemplo real de um atendimento

Antônio* é diretor em um grande banco. Ele começou o processo de Coaching dizendo que não sabia se queria permanecer na empresa, porque não encontrava ali um ambiente harmonioso. "Preciso trabalhar em um lugar onde exista consenso, em que as pessoas escutem umas as opiniões das outras", explicava.

Ele era um dos candidatos para uma vaga de vice-presidente da companhia. Sua indicação era a evidência de que, aos olhos da liderança, tinha competência para o cargo. Ele mesmo, porém, não se sentia assim. Questionava a própria capacidade de assumir a posição.

Certa vez, ele teve de fazer uma viagem de trabalho para Nova Iorque. Naquela ocasião, o banco não permitiu que viajasse na classe executiva, como era praxe entre os diretores. Durante uma sessão, ele chegou à conclusão de que teria de viajar na classe econômica "muito provavelmente porque não era tão importante quanto os outros para o banco". Cogitou questionar o motivo do veto, mas achou que o estresse de falar com o chefe seria ainda mais desgastante do que aceitar a condição que o incomodava. "É só uma viagem para Nova Iorque", disse, minimizando a importância daquele episódio. Antônio duvidava de seu poder de argumentação e era mais fácil se deixar levar por sua indolência.

Em outra ocasião, relatou um conflito pessoal. Sua mulher avisou, de última hora, que a mãe dela jantaria com eles naquela noite. Em função do processo de Coaching, ele criou coragem para perguntar por que ela não o havia comunicado antes. "Você nunca se importa com essas coisas", ela disse. Aquilo o incomodou ainda mais. No entanto, ele não conseguiu avançar na conversa.

Durante a sessão seguinte, relatou como se sentiu e agiu diante da declaração da esposa.

"Fiquei com vontade de responder que, se ela tivesse me avisado, eu teria dito que não gostaria que a sua mãe fosse. Mas se eu rebatesse poderia ter uma briga, e eu não queria. Já estava quase na hora de irmos dormir." Admitir o que gostaria de ter feito é o primeiro passo para trazer à consciência o próprio padrão de comportamento.

Seguindo a sugestão do Coaching, Antônio passou a manter um diário, no qual descrevia toda situação desconfortável pela qual passava em sua rotina. Ele também começou a praticar yoga. Nas primeiras torções físicas que a técnica exigiu, relatou que pensara em desistir. Sentia-se estressado com a prática – em vez de relaxado ou disposto, como relatavam outros praticantes. Passamos a projetar quais os benefícios que poderia ter se conseguisse superar aquele incômodo. Antônio persistiu. E, também por sugestão do processo de Coaching, começou a fazer aulas de boxe, para ajudá-lo a acessar a sua raiva.

Quando eu dava um *feedback* unilateral, sem levar em conta a sua perspectiva, percebia que ele armava sua teimosia e dizia sistematicamente não concordar com as minhas observações. Por outro lado, quando eu defendia meu ponto de vista, mas admitia que havia outros possíveis, Antônio acolhia as minhas colocações com mais facilidade.

Em função da dificuldade de ser assertivo, no início do processo, seria quase impossível ouvir o Antônio dizer que uma sessão conduzida por mim havia sido fraca ou ineficiente. Com o tempo, ele desenvolveu a habilidade de se posicionar em alguns momentos. Por exemplo, no dia em que, ao final do nosso encontro, perguntei se tinha alguma sugestão para o próximo. Ele respondeu: "Talvez você pudesse falar menos de Eneagrama e mais sobre comunicação". Entendi o recado.

A maior lição que ele tirou do Coaching foi justamente a compreensão de que o desacordo não é um conflito tampouco uma acusação pessoal. É apenas uma forma de compartilhar ideias e essa experiência pode ser produtiva e enriquecedora para os envolvidos – ele incluído.

Antônio não conseguiu a vaga de vice-presidente no banco por motivos alheios às suas competências comportamentais. Porém, tornou-se notadamente um líder mais assertivo e autoconfiante. Passou a destacar-se pela capacidade de ser firme, sem escorregar para a grosseria. Aprendeu a conquistar o que deseja e precisa usando os aspectos positivos de sua personalidade (diplomacia e visão plural) e modificando sua relação com o conflito.

Uma vez que acerta no tom na hora de se comunicar e deixa de resistir à possibilidade de conflitos, o 9 revela-se um dos eneatipos com mais capacidade para dizer o que precisa ser dito de forma generosa e eficaz.

Quando compreende as características de sua personalidade e se desenvolve rumo à sua essência, consegue dar *feedbacks* bem estruturados, com assertividade e firmeza, mas, ao mesmo tempo, preservando sua amorosidade. Afinal, para ele, tudo tem dois lados – no mínimo.

Conclusão

Essência final

Foi justamente para responder a várias das questões que foram iluminadas aqui que desde 2010, enquanto participava do processo de criação da Formação Eneacoaching, tenho discutido frequentemente a questão da combinação do Coaching e do Eneagrama com muitos profissionais respeitados do Coaching e do Eneagrama.

Eu estava há vários anos atendendo a clientes de Coaching fora e dentro do mundo corporativo e ficava cada vez mais claro que o uso e o conhecimento do Eneagrama alavancava o processo e levava o trabalho a um nível de consciência e transformação bem mais alto.

Inicialmente percebemos algumas tendências que foram muito importantes e nos levaram a grandes aprendizados. O primeiro deles tinha a ver com a dualidade entre dois caminhos distintos de desenvolvimento e Coaching. O primeiro, pragmático, voltado para resultados de curto prazo, que vinha sendo representado por algumas fortes correntes do Coaching no Brasil. O segundo, um Coaching holístico, espiritual, integral, visando o desenvolvimento do "ser" em longo prazo.

A corrente pragmática estava focada em levar o cliente até a sua meta, dava a volta em crenças limitantes se fosse preciso e claramente não estava interessada em olhar para o passado, pois isso tornaria o processo muito amplo, e não é para isso que ele havia sido contratado. O Coaching "comum" pregava isso e disso vinha a sua fortaleza, a capacidade de se focar num objetivo S.M.A.R.T. (específico, mensurável, alcançável, relevante, temporal) e alcançá-lo. Pequenas ações focadas na direção correta, para construir o castelo desejado. E muitas vezes era exatamente essa a solução que mais ajudaria a busca de um cliente, era disso que ele precisava.

De outro lado podíamos perceber vários profissionais voltados para o desenvolvimento do "ser" que cumpriam bem o seu papel de trazer equilíbrio, de trazer um desenvolvimento psicológico e espiritual, um desenvolvimento da meditação, e que, muitas vezes, falhavam quando o que o cliente buscava era uma conquista concreta e específica em sua vida. Uma carreira nova, mais dinheiro, uma nova habilidade profissional, emagrecer, e tantas outras conquistas e materializações externas que todos nós almejamos e desejamos. Quando era preciso saber por onde começar, qual o primeiro passo, onde entrar em ação, os processos de desenvolvimento holísticos frequentemente deixavam o cliente em meio a dúvidas, desorientação e paralisia.

Tentamos a princípio ensinar a aplicação do Eneagrama "apenas" ao Coaching de resultados. Isso se resumia a ensinar quais os temas de Coaching que cada um dos nove tipos do Eneagrama costumava trazer para o Coaching, quais as armadilhas que eles traziam, como normalmente se comportavam e quais estratégias diferentes e atividades costumavam funcionar para cada um deles. Os alunos nos perguntavam frequentemente "o que fazer com cada tipo?", "quais perguntas poderosas fazer?", "que ferramentas de Coaching usar com cada um?", como se existisse um modelo fixo que se aplicasse a cada um dos tipos. Vinham atrás do roteiro desenhado, da apostila de passo a passo, e frequentemente saíam frustrados da formação.

Além disso, o Eneagrama não se resume a tipos psicológicos comportamentais. E assim estávamos em um dilema. Qual a melhor maneira de ajudar esses profissionais do Coaching e do Eneagrama então? Por que nós tínhamos tanto sucesso nessa aplicação? Como ensinar isso? A resposta foi que nós conhecíamos os princípios profundos do Eneagrama, muito além de comportamentos, e combinávamos isso com técnicas de desenvolvimento pessoal além do Coaching, como a PNL Sistêmica, a Constelação e a Bioenergética, por exemplo.

Na própria comunidade do Eneagrama era muito frequente a pergunta: "Agora que eu sei o meu tipo do Eneagrama, o que eu faço com isso?", "Tenho um cliente ou paciente do tipo X, o que eu faço para desenvolvê-lo?", e os programas de aprendizagem em Eneagrama eram falhos em responder de forma pragmática a essas perguntas.

E, assim como o triângulo central do Eneagrama nos diz que toda criação em nosso universo precisa da combinação de três forças (ativa, passiva e neutralizadora; ação, reação e mediação; tese, antítese e síntese), percebemos que para se combinar com efetividade o Coaching e o Eneagrama era preciso que operássemos usando a terceira força. Não a pragmática *versus* a holística, mas a combinação entre elas, produzindo um processo de consciência ainda mais alto, que passamos a chamar de Eneacoaching.

Assim o Eneacoaching lida e conduz, ao mesmo tempo, um processo pragmático voltando o cliente para os resultados específicos que ele busca, combinado a um processo de autoconhecimento profundo e desenvolvimento psicológico-espiritual, como parte de uma jornada maior, a jornada da vida, a jornada da alma.

O primeiro passo é ajudar o cliente a encontrar o seu tipo no Eneagrama, logo na primeira sessão, como uma lição de casa. Isso vai levá-lo a investigar a si mesmo, descobrir seus padrões de comportamentos e emoções, e será jogado em um profundo processo de autoconhecimento e consciência, podendo entender o porquê de estar naquele processo de Coaching, quais suas fortalezas para atingir o que busca, quais as armadilhas que vai causar para si mesmo, e o que deverá desenvolver em si, para garantir que chegará em sua meta. Esse processo começa na primeira sessão e não acaba mais, mesmo depois da meta atingida. É uma semente e um despertar de crescimento para a vida toda. Nos meus atendimentos, costumo recomendar realização do teste de tipo do Eneagrama do meu livro "Eneagrama para Líderes", e também a leitura em casa, entre sessões, dos capítulos dos três tipos onde ele teve maior pontuação. Na próxima sessão basta perguntar "E aí, como foi? Onde você se reconheceu?", e o milagre acontece. A partir daí o *coach* já tem seu gancho para muitos aprendizados e perguntas poderosas.

Reconhecido o tipo do Eneagrama, fica fácil verificar se a meta do cliente tem relação direta com algum aspecto da personalidade que precisa ser desenvolvida. Se sim, os livros de Eneagrama, e também este livro, já trazem várias opções de atividades que podem ser sugeridas ao cliente, ou ele mesmo escolher, que seguem como tarefas que podem ser combinadas com as tarefas que evoluirão naturalmente do processo de Coaching tradicional. O cliente deve aprender mais e mais sobre seu tipo do Eneagrama a partir de livros, vídeos ou cursos, enquanto passa pelo processo de Coaching, e continua entendendo as relações de cada tarefa, cada crença, cada limitação e cada conquista com os mecanismos da sua psique. Ele faz o que precisa ser feito para conquistar a meta que deseja e ao mesmo tempo faz o que é necessário para crescer integralmente ao longo do processo.

O *coach* precisa aprender também, no Eneagrama, a reconhecer todos esses diferentes mecanismos psicológicos e espirituais, e a coletar ferramentas de desenvolvimento capazes de poder operar nessas diferentes dimensões. Além de dominar as técnicas de Coaching tradicional, que serão os gulas para um processo que leva do "ponto a" para o "ponto b", ter ferramentas para poder trabalhar o corpo, as emoções e as energias dos clientes conforme a necessidade da situação exigir.

E, por final, deixo aqui aquilo que acredito ser a essência do seu trabalho como *coach* ao despertar pessoas dos nove tipos do Eneagrama. Se tiver que se lembrar de apenas algumas poucas coisas, que sejam estas:

Tipo 1: O Perfeccionista - Ajude esta pessoa a perdoar-se e a perdoar aos outros. Ajude esta pessoa a tornar sua vida mais leve, mais divertida e menos séria. Ajude-a a estar em paz com as diferenças, a brincar como uma criança, ficar flexível com um bambu. Ajude-a a ter prazer, cada vez mais, sem culpa. Ajude-a a aceitar a si mesma, sem perfeição. Reconheça sua integridade, bondade e honestidade. Ajude-a a reconhecer isso em si mesma novamente. Lembre-a de pessoas saudáveis do tipo 1, como Nelson Mandela e Mahatma Ghandi, congruentes e firmes em seus propósitos de um mundo melhor. Ajude-a a lembrar-se de que ela também é assim.

Tipo 2: O Servidor - Ajude esta pessoa a amar-se profundamente, antes dos outros. Ajude-a a reconhecer que não existe amor pelo outro antes de amar a si mesmo. Ajude-a a colocar limites entre a sua vida e a dos outros, ajude-a a descansar sem precisar cuidar de ninguém, a estar sozinha, a estar em paz consigo mesma. Ajude-a a perceber que "ser necessitado" e "indispensável" é uma corrente que prende dos dois lados. Lembre-a de pessoas saudáveis do tipo 2, como o Reverendo Desmond Tutu e Amma, a mestra Hindu (ww.amma.org), ou mesmo Chico Xavier, amorosos e dedicados em trazer o amor ao mundo. Ajude-a a lembrar-se de que ela também é assim. Que o verdadeiro amor liberta, e jamais prende.

Tipo 3: O Realizador de sucesso - Ajude esta pessoa a descobrir quem ela realmente é, por detrás das muitas máscaras e personagens que ela foi tornando-se na esperança de receber o reconhecimento do mundo. Ajude-a a abrir o seu coração aos sentimentos, ao seu amor enorme e gentil, do qual ela tem tanto medo. Ajude-a a perceber e acolher o seu medo, medo de não ser um sucesso, medo de não ter valor. Ajude-a perceber que as conquistas materiais passam e para que não perca as pessoas importantes em sua vida. Lembre-a de pessoas inspiradoras do tipo 3, como Airton Senna, Deepak Chopra, Anthony Robins, e sua busca para conquistar no mundo aquilo que realmente importa.

Tipo 4: O Intenso - Ajude esta pessoa a ver a beleza da vida nas coisas simples, a valorizar isso, acima de tudo. Ajude esta pessoa a desenvolver aterramento e centramento, a estar sempre conectada com a terra, com o chão, com o concreto e o material. Ajude-a a perceber como é, foi e será amada, e a prestar menos atenção em suas comparações. Dar-se conta de que achar que é menos que os outros é apenas uma fantasia persistente de sua própria cabeça. Ajude-a a sair de qualquer posição de vítima em que sua personalidade a coloque e a cuidar dos outros, e não apenas de si mesma. Ajude-a a rir de coisas bobas, a ver a beleza nas coisas leves e superficiais. Ajude-a a expressar-se pela arte, pela música, dança, poesia e reconheça-a como um milagre único da natureza. Ajude-a a ver-se na poesia de Rumi, nos ensinamentos de Yogananda, na sabedoria do "Pequeno Príncipe".

Tipo 5: O Analítico - Ajude-o a experienciar o milagre da vida como um artista que está no palco, e não apenas como um observador que está na plateia. Ajude-o a perceber a sabedoria além da mente, o conhecimento direto, a intuição, e a inteligência do coração, do corpo, do silêncio, das relações, da prática das coisas, e não apenas do conhecimento dos livros. Ajude-o a dedicar-se a relacionamentos com as pessoas. Ajude-o a estar em contato constante com seu corpo, com seu animal, com suas sensações. Que sua curiosidade seja aprender sobre o universo, e reverenciar o seu mistério sagrado, assim como fez Albert Einstein, assim como faz Eckhart Tolle. Ajude-o a viver uma vida de abundância.

Tipo 6: O Precavido - Ajude-o a acreditar em si mesmo como sendo um grande líder e um grande herói. Ajude-o a fazer muitas coisas de que ele tem medo, mas tem vontade, e que valem a pena. Empurre-o para além da segurança excessiva, dos planejamentos, para ver aquilo que pode conquistar, a grandeza que pode atingir, e não apenas o que pode perder, o que pode arriscar. Ajude-o a confiar nos outros, a confiar em si, a arriscar. Mantenha-o sempre exercitando seu corpo inteiro, para diminuir sua ansiedade, e praticando a respiração lenta e profunda. Ajude-o a duvidar de sua própria dúvida. A perceber que a vida é uma aventura. Ajude-o a liderar, como Joana D'Arc, como Willian Wallace, e como todos os heróis de todas as histórias, que começaram fracos, sem acreditar em si, e que terminaram realizando uma missão e uma causa grandiosas. Assim ele é. Lembre-o constantemente disso.

Tipo 7: O Aventureiro - Ajude-o a respirar, respirar e parar cada vez, encontrando a alegria na profundidade de si mesmo, sem precisar buscar nada mais lá fora. Ajude-o a perceber e acolher seu medo de compromisso, seus medos de responsabilizar-se, seu medo de tornar-se adulto. Ajude-o a crescer. Ajude-o a ver o outro, em profundidade. Ajude-o a encontrar uma coisa que ame de verdade, e que seja capaz de continuar fazendo e fazendo, pelo resto da vida, por algo maior, mesmo que frustre, canse ou fique difícil. Ajude-o a chorar, e sentir gratidão por isso. Ajude-o a silenciar a mente, a silenciar a boca e apenas estar presente.

Tipo 8: O Poderoso - Ajude-o a reconhecer a criança inocente dentro de si, e em seguida a ter a imensa coragem de mostrar essa criança ao mundo. Ajude-o a sentir a doçura e amor que sente pelos outros, além do medo de ser traído, destruído, abusado. Ajude-o a soltar o controle da vida, das pessoas, das coisas e permitir-se não os carregar nas costas. Ajude-o a parar de lutar, quando a guerra já acabou. Ajude-o a reconhecer e a chorar pelo seu cansaço, de alívio. Ajude-o a ver o mundo sutil, gentil, suave, e invisível ao redor. Ajude-o a permitir-se ser cuidado, amado, protegido. Que sua bondade forte e ativa possa se inspirar em Madre Tereza de Calcutá e Martin Luther King, para lutar pelo justo, pela verdade, com o coração aberto.

Tipo 9: O Mediador - Ajude-o ver a si mesmo, a reconhecer sua força, sua liderança, sua importância e sua enorme potência. Ajude-o a entrar nos conflitos que forem necessários para o seu crescimento ou pelas causas justas, ajude-o a valorizar-se, a mostrar-se, a fazer propaganda de si, a sair da parte detrás do palco e a tomar seu lugar como protagonista grandioso da vida. Ajude-o a sair da zona de conforto, sempre, internamente e externamente, e a engajar-se e construir sua verdadeira paixão na vida, nada menos do que isso. Ajude-o a colocar sua realização como prioridade na vida. E a usar sua habilidade de ouvir, mediar, negociar, para construir alianças e grandes castelos de valor. E, assim como Abraham Lincoln, fazer com que muitos estados se tornem uma única nação.

E se um pouco disso tiver sido feito, tenha certeza, seu trabalho de Coaching com Eneagrama terá transformado e iluminado muitas e muitas vidas. E esse é o meu desejo para você!

E, por final, aproveito apenas para agradecer ao meu amigo André Batista, com quem pude dividir a coordenação deste livro, por seu convite, entrega e dedicação aos ideais de um mundo melhor.

Que se abram os seus caminhos, em luz, amor, verdade e gratidão.

Um abraço profundo,

Nicolai Cursino

Referências Bibliográficas

TIPO 1

BIGOTO, M. **4 caminhos para a evolução com o eneagrama: descobrindo habilidades e potenclalidades humanas.** São Paulo: ESEDES Desenvolvimento Humano, 2016.

CORDEIRO, A.; TORGAL, E. R. **Descubra a sua personalidade com o Eneagrama: O guia para mudar e melhorar a sua vida pessoal e profissional.** Top Books, 2013.

LAPID-BOGDA, G. *Bringing out the best in everyone you coach.* McGraw Hill Professional, 2009.

MONTANDON, A. **A Chave do Universo - As Noves Máscaras e o Eneagrama.** Qualidade em Quadrinhos Editora, 2016.

Materiais didáticos:

Integrar Treinamentos - Workshop Feedback com Eneagrama.

Eneacoaching - Eneagrama para Coaching e Liderança.

Sites:

Mundo Eneagrama. Disponível em: <https://www.mundoeneagrama.com>. Acesso em abril de 2017.

Instituto Eneagrama. Disponível em: <http://www.ieneagrama.com.br/>. Acesso em abril de 2017.

TIPO 2

HUDSON, R.; RISO, D. R. **A Sabedoria do Eneagrama**. 4. ed. São Paulo: Cultrix, 1999.

CHABREUIL, Fabien e Patrícia. **A empresa e seus colaboradores: Usando o Eneagrama para Otimizar Recursos.** 1. ed. São Paulo: Madras, 1999.

LYRA, N. M. de. **O Elefante no Escuro: Um estudo sobre Eneagrama de Ichazo e Naranjo/ Nelson Mariz de Lyra.** 1. ed. São Paulo: Plêiade, 2000.

ROHR, R. **As Nove Faces da Alma**. 1. ed. Rio de Janeiro: Vozes, 1989.

LAPID-BOGDA, G. **Bringing out the best in yourself at work: how to use the Enneagram system for success**. 1. ed. Nova York, N.Y.: McGraw-Hill, 2004.

BAST, M.; THOMSON, C. **Out of the Box: Coaching with the Enneagram**. 2. ed. Cobble Hill, B.C., Canadá: Ninestar Publishing, 2005.

CURSINO, N. **Eneagrama para Líderes: autoconhecimento e maturidade para o desenvolvimento de sua liderança.** 1. ed. Rio de Janeiro: Qualitymark Editora, 2013.

PALMER, H. **O Eneagrama no Amor e no Trabalho**. São Paulo: Paulinas, 1999.

LAGES, A.; O'CONNOR, J. **Como o coaching funciona**. Rio de Janeiro: Qualitymark Editora, 2010.

LAGES, A.; O'CONNOR, J. **Coaching com PNL**. Rio de Janeiro: Qualitymark Editora, 2008.

Materiais didáticos:

Integrar treinamentos – Apostila do Workshop *Feedback com Eneagrama*

Integrar treinamentos – Apostila do Workshop *As Nove Faces da Liderança*

UP9 – Apostila da certificação internacional em Eneagrama - EPTP de autoria de Helen Palmer e David Daniels.

TIPO 3

HUDSON, R.; RISO, D. R. **A Sabedoria do Eneagrama.** 4. ed. São Paulo: Cultrix, 1999.

CURSINO, N. **Eneagrama para Líderes: autoconhecimento e maturidade para o desenvolvimento de sua liderança.** 1. ed. Rio de Janeiro: Qualitymark Editora, 2013.

WILBER, K. **A Visão Integral**. Cultrix, 2009.

Materiais didáticos:

Apostila Formação Eneacoaching – Iluminatta Escola de Transformação

Apostila Curso Níveis de Desenvolvimento do Eneagrama – Iluminatta Escola de Transformação

TIPO 4

RISO, D. R.; RUSS, H. **A Sabedoria do Eneagrama. Guia completo para o crescimento psicológico e espiritual dos nove tipos de personalidade**. 6. ed. São Paulo: Editora Cultrix, 2011.

HORSLEY, M. **O Enegrama do Espírito**. Editora Pensamento Cultrix.

CURSINO, N. **Eneagrama para Líderes**. Editora Qualitymark.

EBERT, A. **A Espiritualidade do Eneagrama**. Editora Vozes.

CUNHA, D. **Crescendo com o Eneagrama na Espiritualidade**. Editora Paulus.

CUNHA, D. **Quem é você - construindo a pessoa à luz do Eneagrama**. Editora Paulus.

BARRET, R. **Coaching Evolutivo: uma abordagem centrada em valores para liberar o potencial humano**. Editora Qualitymark.

Materiais didáticos:

Eneacoaching – Eneagrama para Coaching e Liderança. Instituto Iluminatta.

TIPO 5

CHESTNUT, B. **The Complete Enneagram**. Canada: She Writes, 2013.

RISO, D. R.; HUDSON, R. **A Sabedoria do Eneagrama**. Brasil: Cultrix, 2003.

CURSINO, N. **Eneagrama para Líderes**. São Paulo: Qualitymark, 2013.

TIPO 6

RISO, D. R.; RUSS, H. **A Sabedoria do Eneagrama. Guia completo para o crescimento psicológico e espiritual dos nove tipos de personalidade**. 6. ed. São Paulo: Editora Cultrix, 2011.

LAPID-BOGDA, G. **Bringing Out the Best Everyone You Coach – Use the Enneagram System for Exceptional Results**. Editora McGraw-Hill, 2010.

LAPID-BOGDA, G. **The Enneagram Development Guide**. Enneagram in Business Press, 2011.

MAITRI, S. **A Dimensão Espiritual do Eneagrama: As Nove Faces da Alma**. Editora Cultrix, 2003.

CURSINO, N. **Eneagrama para Líderes: autoconhecimento e maturidade para o desenvolvimento de sua liderança**. 1. ed. Rio de Janeiro: Qualitymark Editora, 2013.

TIPO 7

BOGDA, G. L. **Bringing Out the Best in Yourself at Work – How to Use the Enneagram System for Success**. Editora McGraw Hill.

DANIELS, D., dr.; PRICKE, V., PhD. **A Essência do Eneagrama – Manual de Autodescoberta e Teste Definitivo de Personalidade**. Editora Pensamento.

RISO, D. R.; HUDSON, R. **A Sabedoria do Eneagrama – Guia Completo para o Crescimento Psicológico e Espiritual dos Nove Tipos de Personalidade**. Cultrix.

CURSINO, N. **Eneagrama para Líderes – Autoconhecimento e Maturidade para o Desenvolvimento da sua Liderança**.

BOGDA, G. L. **Bringing Out the Best in Everyone you Coach – Use the Enneagram System for Exceptional Results.**

CLUTTERBUCK, D. **Coaching Eficaz – Como Orientar sua Equipe Para Potencializar Resultados**. Gente Editora. PLBC – Professional Life and Business Coaching Formação Iluminatta. João Luiz Cortez e Cláudia Cruz.

TIPO 8

CURSINO, N. **Eneagrama para Líderes: autoconhecimento e maturidade para o desenvolvimento de sua liderança.** 1. ed. Rio de Janeiro: Qualitymark Editora, 2013.

RISO, D. R.; HUDSON, R. **A Sabedoria do Eneagrama** – Guia Completo para o Crescimento Psicológico e Espiritual dos Nove Tipos de Personalidade. Cultrix.

DANIELS, D., PRICE, V., PhD. **A Essência do Eneagrama – Manual de Autodescoberta e Teste Definitivo de Personalidade.** Editora Pensamento.

TIPO 9

BIGOTO, M. **4 caminhos para a evolução com o eneagrama: descobrindo habilidades e potencialidades humanas**. São Paulo: ESEDES Desenvolvimento Humano, 2016.

CORDEIRO, A.; TORGAL, E. R. **Descubra a sua personalidade com o Eneagrama: O guia para mudar e melhorar a sua vida pessoal e profissional**. Top Books, 2013.

LAPID-BOGDA, G. **Bringing out the best in everyone you coach**. McGraw Hill Professional, 2009.

MONTANDON, A. **A Chave do Universo - As Noves Máscaras e o Eneagrama**. Qualidade em Quadrinhos Editora, 2016.

CURSINO, N. **Eneagrama para Líderes: autoconhecimento e maturidade para o desenvolvimento de sua liderança.** 1. ed. Rio de Janeiro: Qualitymark Editora, 2013.

Materiais didáticos:

Integrar Treinamentos - Workshop Feedback com Eneagrama.

Eneacoaching - Eneagrama para Coaching e Liderança.

Sites:

Mundo Eneagrama. Disponível em: <https://www.mundoeneagrama.com>. Acesso em abril de 2017.

Instituto Eneagrama. Disponível em: <http://www.ieneagrama.com.br/>. Acesso em abril de 2017.

Currículos

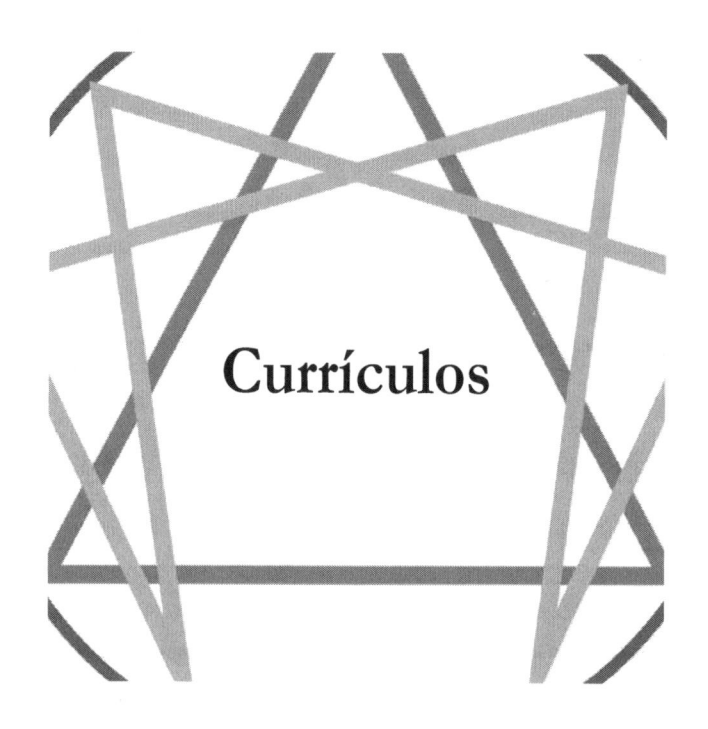

André Batista (p. 25, sobre o tipo 2)

Ensina Eneagrama há mais de 12 anos.
Graduado em Administração – Universidade Estadual do Ceará – UECE.
Atuou vários anos como gerente de RH e treinador.
Coach formado pela Sociedade Brasileira de Coaching.
Formação Internacional em Eneagrama - EPTP (Enneagram Professional Training Program) – Narrative Tradition School.
Formação em Eneacoaching – Iluminatta. Practitioner em PNL - NLP Bandler.
Formação em Hipnose Ericksoniana – Iluminatta.
Fundador da Integrar Treinamentos – Escola de Eneagrama e Desenvolvimento Humano.

(85) 3224-1128
andrebatista@integrartreinamentos.com.br

Claudia Cruz (p. 71, sobre o tipo 6)

Coach Profissional com mais de 2.500 horas de atendimento em Coaching Sistêmico. Consultora com 25 anos de experiência em treinamento, desenvolvimento pessoal e organizacional no Brasil, Chile e Portugal. Possui diversas formações, entre elas:

Trainer em Enneagram in Business (Ginger Lapid Bogda);

Trainer em Organizational Constellations and Systemic Work (Bert Hellinger Intituut Nederland);

Practitioner em Generative Coaching (Robert Dilts e Stephen Gilligan - IAGC);

Formação Intensiva em Eneagrama (Uranio Paes – Enneagram Wordwide);

Especialista em Abordagem Junguiana (PUC – COGEAE);

Atua também como treinadora em PLBC (Professional Life and Business Coaching) e em Constelação Sistêmica Familiar, Profissional e Organizacional.

(11) 99554-5575
claudia@claudiacruz.online / claudiacruz.online

João Luiz Cortez (p. 83, sobre o tipo 7)

Por 20 anos atuou como líder em empresas nacionais e multinacionais.

Há mais de uma década dedica-se ao desenvolvimento de pessoas em empresas e nos programas abertos da Iluminatta Escola de Transformação.

Trainer em Eneagrama nos Negócios pelo The Enneagram in Business, EUA.

Master Trainer em Programação Neurolinguística pela Neuro-Linguistic Programming University, EUA.

Palestrante em Congressos de Coaching em Portugal, Colômbia, Chile e Espanha.

Atuação em treinamentos e Coaching no Santander, Serasa, Reckitt Benckiser, Metlife, Portugal Telecom entre outras

Sócio-diretor da Iluminatta.

(11) 2312-4184 / www.iluminatta.net

Nicolai Cursino (p. 35, sobre o tipo 3)

Professsor de Eneagrama, com certificações nas três principais escolas dos Estados Unidos (Enneagram Institute: Russ Hudson, Narrative Tradition: Helen Palmer, Enneagram in Business: Ginger Lapd-Bogda), cocriador do Eneacoaching® e autor dos livros "Eneagrama para Líderes" (e aplicativo) e "O Anjo e o Líder"; treinador em Liderança Situacional pelo Ken Blanchard Institute (EUA), *coach* profissional pela ICC (International Coaching Community), treinador de PNL Sistêmica pela NLPU EUA (Neuro-Linguistic Programming University).

Fundador e educador na Iluminatta Escola de Transformação.

nicolai.cursino@iluminatta.net
www.iluminatta.net

Rachel Kleinubing (p. 47, sobre o tipo 4)

Bacharel em Comunicação Social/ Jornalismo (UEPG). MBA Gestão do Conhecimento Organizacional (Fie/UDESC). MBA Marketing (FGV). Formação Transdisciplinar Holística pela Universidade Internacional da Paz (UNIPAZ). Formação em Coaching Maiêutica, com Credenciamento pela Global Accreditation Board for Coaching (EUA). (Instituto Dulce Magalhães). Formação com Certificação Internacional em Coaching, Mentoring e Holomentoring® do Sistema ISOR® (Instituto Holos). Introdução ao Eneagrama (UNIPAZ /SC). Imersão em Eneagrama e Autoconhecimento (Instituto IESH e UNIPAZ). Formação e Certificação Eneacoaching® (Instituto Iluminatta Brasil). Formação em Eneagrama Empresarial (Instituto Iluminatta Brasil). Formação e Certificação como Facilitadora do Programa A Arte de Viver em Paz (UNIPAZ).

Sócia-proprietária e fundadora da Nova Multicomunicação, agência de comunicação integrada, desde 2001.

(49) 99928-5771
rachelkleinubing@gmail.com

Roberto Silva (p. 95, sobre o tipo 8)

Coach Profissional e Executivo Certificado pela ICC – International Coaching Community; Trainer Iluminatta; Trainer em PNL Sistêmica – Master Practitioner em PNL Sistêmica Iluminatta Lambent; Reiki máster; formação livre em Análise Transacional; formação Hipnose Clássica e Ericksoniana – Certificação reconhecida pela ABECE (Academia Brasileira de Ensino Clínico e Experimental da Hipnose); Gestão de projetos culturais: experiências espanholas - por David Sicilia Moreno - promovido pelo Celacc - USP - Instituto Cervantes em São Paulo – SP; Terapia de Vidas Passadas. Formação acadêmica: sociólogo PUC-SP. Formação Internacional em Eneagrama - EPTP (Enneagram Professional Training Program) – Narrative Tradition School.

Coach Executivo. *Coach* de vida e carreira. *Coach* com Eneagrama para autoconhecimento e desenvolvimento profissional e pessoal. *Trainer* de PNL Sistêmica e Eneagrama em parceria com Iluminatta. Professor de Eneagrama. Professor de Reiki para formação de alunos até nível IIIB.

(11) 99153-7774 / (11) 5583-0909
roberto.silva@iluminatta.net

Sabrina Mello (p. 107, sobre o tipo 9)

Fonoaudióloga pela Pontifícia Universidade Católica de Campinas; mestre em Ciências pela Universidade de São Paulo (USP); Fellow em distúrbios da comunicação pela University of Los Angeles (UCLA); *coach* pelo International College of Miami e pelo Instituto de Liderança Executiva/ Neurociência Aplicada à Liderança; *trainer* em PNL.

Formação Internacional em Eneagrama (pelo método Enneagram Professional Training Program); formação Internacional em Compassionate Communication Foundations.

Autora do livro "Detone – você em alta perfomance em momentos decisivos".

sabrina@artinsight.com.br
www.artinsight.com.br

Tatiana Vial (p. 13, sobre o tipo 1)

Fonoaudióloga e *coach* especializada em Comunicação; graduação em Fonoaudiologia pela PUC/SP; mestre em Comunicação pela PUC/SP; *coach* pelo Behavioral Coaching Institute e Instituto de Liderança Executiva/ Neurociência Aplicada à Liderança; *coach* pelo Instituto Brasileiro de Coaching; formação internacional em Eneagrama (pelo método Enneagram Professional Training Program).

Autora do livro "Detone – você em alta performance em momentos decisivos".

(11) 99739-5911
tati@artinsight.com.br
www.artinsight.com.br

Viviane Romanos Martins
p. 59, sobre o tipo 5)

Coach certificada na Formação PLBC Professional Life and Business Coaching, pela Iluminatta.

Especializada em técnicas de hipnose Ericksoniana, Programação Neurolinguística (PNL) e Eneagrama pela Iluminatta.

Possui experiência internacional na Walt Disney World e na Disney Cruise Line.

Pós-graduada em Gestão de Negócios pelo Senac São Paulo.

Tem amplo *know-how* no mercado educacional.

Dedica-se a transformar os sonhos e as metas de seus clientes em realidade.

viviane@vmcoaching.com.br
www.vmcoaching.com.br